EURODICCIONARIOS

LÉXICO DE BANCA Y BOLSA

Español - Francés

Esteban Bastida Sánchez
François Alvarez

Léxico de la Banca y de los Mercados Financieros
Español - Francés

DEDICATORIA

Con admiración y respeto a mi sobrino-nieto Licenciado Patricio Bugueño Seguel, por cuyas venas corre la sangre de un "Garrido" que es la corriente "Heráldica" de la antigua dinastía de "Diosayuda", Héroe de la Batalla del Salado. El rey Don Fernando VI al ver que con tanto garbo regresaba de la terrible contienda aquel orgulloso grupo de soldados pregunta a sus Edecanes ¿Quiénes son? ¡Ah, ese grupo es Diosayuda y sus siete hijos, fieles servidores de la Real Corona!. El menor tendría doce años de edad. Descendiente de esta heredad es mi padre don Nicolás Garrido (abuelo de la madre de mi sobrino Arquitecto y yo el único sobreviviente de la dinastía. Mi padre desfilaría en el Primer Centenario de la Independencia de Chile en 1910 y un Siglo después, 2010, desde lejanas tierras, desfilaría yo con mi pluma por la patria añorada.

Dedico este libro a mi sobrino, el primer Arquitecto de la familia, esperanzado en que esta Obra le sirva de inspiración arquitectónica, última lección al ilustre intelectual para desintoxicar los cielos de Santiago de Chile.

CONTENIDO

Patria Mía
Por Emilio Galán

(Canto Primero)

Oh, Patria, porque lates al corazón prendida
No permito que caiga mi voluntad rendida
Ni quiero que zozobre
En otra mar salobre
Mi barca que se azota
Sobre el torvo oleaje que busca su derrota
Ni en la oquedad sin luces
Fantasmal, tenebrosa
Me doblegan las cruces
Ni mi voz pesarosa
Se escucha porque siento que su hálito derrama
La inmaculada y fúlgida Oriflama

Voy acaso extraviado con voluntario exilio
Mas, no he buscado abrigo, ni he pedido auxilio
Y a pesar que mi planta sobre abrojos se hiere
Ni mis labios profieren
Una queja. Ni enojos
Turbarán el sereno mirar de mis ojos
Porque pienso en aquellos
Que murieron por darnos diamantinos destellos
En la arena en que triunfan los gladiadores
Que tuvieron henchida
El alma de esperanzas y de excelsos valores
Y en la frente las luces del saber encendidas
Para ilustrar mi mente y encausar mis ardores

Por eso te venero, lejana Patria mía
Porque eres el efluvio de mi melancolía
Y me muestras, si sueño
Tus embrujos roqueños
Tus soberbias montañas
Allí donde se baña
Sobre un espejo de oro el sol de nuestro cielo
Sugiriendo en las playas rumorosos anhelos
Oh, Patria, cómo añoro
Recoger en tus faldas aquel rubio tesoro
Para amasar el pan
Cómo huelo el aroma de tu crecida espiga
Cómo en medio del campo corre la hermosa amiga
Cómo canta el poeta su clamoroso afán

Cómo pica el piquero
Ebúrneo agujero
Prosiguiendo la senda de prolífera entraña
Cuando el mundo sin verte cuántas veces se engaña
Cómo asoma en el Polo
En la antártica nave el broncíneo Apolo
Que naciera en la rada de Iquique y que sube
Al azul estrellado que no eclipsan las nubes

Y en sus alas cruzando nuestros cielos y mares
Los titanes de bronce que lo mismo se yerguen en
extremos polares
Que en el árido estanco
Cómo estudian las niñas de blanco
Cómo van a la altura
Nuestros hijos en pos de cultura
Cómo el hombre que labra los surcos abiertos
Cual se cubre de flores el candente desierto
Cómo cantan los versos del Elqui sediento
Y se enreda en seis cuerdas la alegría y la pena
Que pregonan los vientos
Surge el canto que canto con olor hierba buena
Arrancando el sollozo que llevo aquí dentro
Porque viene a mi encuentro
Mi Bandera Chilena

(Canto Segundo)

De las enhiestas cumbres
Bajo un dosel de lumbres
Desciende el primer rayo que es oro puro
Y vaporosos montes despiertan al conjuro
Del aleteo grácil de la Aurora
Que las sombras devora
Para inundar la apolínea belleza
De los campos ubérrimos que un día
Labran los hombres de la azada para la Naturaleza
Y otro día los labradores de la poesía
Y descienden los rayos sobre la augusta frente
O de la Arcadia al corazón latente

Y se extendió la fama por toda la comarca
De la proficua estancia donde la vista abarca
Que abundosa la idea
Fue mayor que la Hiblea
Y destilaba el higo
Y así granaba el trigo
Bastaba abrir los surcos para sembrar las cosas
Que lo mismo sería la región dadivosa
Ya de la mole andina
La fuente serpentina
Vendría alimentando la cálida región
Crecieron los robles, los sauces, los gualles
Verdearon las sierras, laderas y valles
Y el fruto maduro
Fue libro tan puro
Supieron los hombres lo que era el mistral
Y todos bebieron la linfa lustral

Un día tascaron piafantes los belfos
Cuidando las lindes que habitan los Elfos
Mi Patria querían domeñar de afuera
Los bélicos sueños se hicieron quimeras
Oh, Patria, Patria mía
¡Qué melancolía!
Parte de la infancia que hicieron mis sueños
Parte de la esencia de hermosa virtud
Tierra de las chacras de mis lugareños
Lutecia, bohemia de mi juventud

Ha creado tantas formas de la vida
Tu prole que ha sido fuerte y atrevida
Y abriendo caminos
Labra su destino
El hijo del rayo, el nuevo Argantir
Que América toda puede compartir
La ciencia que impulsa nobles herederos
Desde el aula magna al pequeño escolar
El taller moldea imperecederos
Maderos y piedras, cincel y telar
Esas son las cosas
De las que nacen rosas
Esos son los ramos
De esencias que amamos
Algún Premio Nobel nos brinda nobleza
Ya hasta se ha premiado la núbil belleza
Y aunque dando tumbos
La Patria sagrada pronto se levanta
Pues no va sin rumbo
Ella es Atalanta
Dafnis, corindón, Pindo y Poseidón

(Canto Tercero)

¡Los mariscadores!
¡Los mariscadores!
Son los argonautas, son los bogadores
Van de madrugada
Dioses de la albada
Porque ellos tras la bruma
Tienen su Citerea flotando en las espumas
Sus débiles esquifes
No temen los ocultos arrecifes
Y arrancan a la selva submarina
El alga exuberante
La estrella de los fondos danzarina
Las tacas, el ostión tímido, errante
Y al acercarse por la abrupta costa
No demoran los buzos en alcanzar las ostras
Y en la intrincada, estéril y sufrida breña
Hecha de pedernal y estéril roca
Hallan el colorado piure entre las peñas
Que irá como el erizo de boca en boca
Y unos peces más grandes y otros pequeños
Salmónidos, corvinas y otros son sierras
Y un enjambre de kriles, danza de ensueños
Que es alimento grande para la tierra
Pronto nos encontramos con Puerto Montt, pronto en
                                                    Quinchao
En Aysén, y Calbuco, en Puerto Cisne y en otros tantos
Ancud, como Chiloé, luego Contao
Que solo con mencionarlos provoca encantos
Tristes encantos ¡Quién lo diría!
¿Pero ésa? ¡Esa es la Patria mía!

Son ellos los Tritones
Que amainan la marea y encienden los tifones
Como los cazadores
Saben al tiempo justo tensar el arco
Y en todos los albores
Regresan precavidos a descargar el barco

¡Los pescadores! ¡los pescadores!
Sin saberlo cargaron el Vellocino
Por generosos todo lo truecan en caldo y vino
Se han llenado de cuentos estos lugares
Unos saben a tierra y otros a mares
Otros Titanes buscan en la bahía fondos afuera
Muy cautos llegaron esos: ¡Traen un buque de
                                    dimensiones!
Y al exhibir papeles van dondequiera
Porque pagan en dólar sus exacciones

Y nuestros hombres viendo su fauna lidiar la muerte
Y al lobo junto a la foca buscar más suerte
¡Hablan, presumen allá en los bares!
Los más humildes en las cantinas
Y lloran toditos juntos, juntos a mares
Y se prometen salir mañana rumbo a la guerra
Mas, nadie escucha: ¡Quedan en tierra!
Y ven inermes cómo se explota lobos marinos
Barbados nobles, gigantes únicos diluvianos
Azul cetáceo cae en la trampa de los villanos
¡Qué pocos quedan…no quedan muchos…!
¿Cómo enfrentar gigantes con un falucho?

Y cuentan que los Tribunos saben y callan
Mas, si indignado por nuestras costas el hombre estalla
Y grita: ¡Juyan! A los malvados, a los perversos
¡Soy contra ustedes para vengarme, con mi falucho!
Uno en nosotros ¡Le toma preso!
¡Soy la justicia! Si a uno otorgo permiso y a otro perdón
Porque trafique ballenas blancas, como salmón

No venga el "Roto" sobre el falucho
¡Yo no le escucho!
¡Él rompe planes y rompe todo pacto de honor!
¡Llorando marcha mi pescador...!
Pasó la vida cuidando especies, roca marina
¡Cólquide toma, sabiendo pierde su Vellocina!

¡Saquen esas redes nefastas y crueles!
¡Echen las "industrias" terribles que flotan!
Si ellas no se mueven sabrán qué tan fieles
Son estos marinos
Que libando el vino
Hace ya mucho tiempo comentan que "explotan"
Con sondas las aguas del gran litoral
Engañando al hombre y al reino animal...

Dicen que en la costa comer un cancato
Es un rito santo como un celibato
Frugal la merienda
Pero nutritiva
¡Ya va a la contienda
Nuestra comitiva...!
¡Viva Chile! Goliat no puede con mi osadía
¿Pero ésta? ¡Esta es la Patria mía!

(Canto Cuarto)

Recuerdo las mañanas de tan intenso frío
Éramos todos niños, niños del pueblo mío
¿Qué se podía esperar?
¡Pues nada….y a levantar!, pasaban las mañanas
Y al toque de campana
Todos los distraídos corrían en tropel
¡Qué bello era el tiempo aquel!

Como un soldado recio sobre la marcha
Íbamos al colegio pisando escarcha
Y si un rayo de Febo semidormido
Caía sobre la acera del callejón
Como pollitos tiernos entumecidos
Acudíamos todos a aquel rincón
No eludíamos nada
Ni el frío, ni la escarcha, ni el viento en la jornada
Ni el peso de los cuadernos dentro de un sobre
O envueltos en un periódico si éramos pobres
¡Cuántos vi descalzados!
¡Los pies morados!
Pero jamás el rigor
Pudo con su inclemencia
Qué voluntad, qué paciencia
Qué tiritar… ¡qué dolor!
Dolían tanto las manos, los pies dolían
Pero el aseo nos revisaban todos los días…
Y hacíamos gimnasia y a trompadas
Medíamos nuestra fuerza por ser valientes
Desde niño un chileno dolor no siente
Y mira altivo su Emblema sin cobardía
¿Porque ésta? ¡Esta es la Patria mía!

(Canto Quinto)

Llegaban los tiempos lindos de primavera
Y una bandada hermosa de mil traviesos
Por entrar a la escuela siendo primera
Corría con embeleso
Y el año se ha acabado
¡Ay, los Certificados!
Uno que allí quedaba y otro seguía
Pero esa… ¡Esa es la Patria mía!

Y vi más tarde a alguno subir a las alturas
Buscando entre los grandes la espléndida cultura
Mammón tocaba a aquellos
Y a éstos Juno, la de los ojos bellos
Y en el arcano ciclo ya renovada
¡Otra graciosa feliz parvada!

Y reluciente casco, chispeante el empedrado
Vi venirse al soberbio magnífico Crinado
A lo lejos en medio
De la selva y el campo
Bajaba gallardo el soldado

A la vieja estación que anunciaba la vieja campana
Quejumbroso arribaba el vagón
A carbón
Y un grupo salía del medio y otro asomaba por la ventana
El hijo que traía la sabiduría de la universidad
Jóvenes del pueblo fueron a la gran ciudad
Pero hoy regresaban
Su garbo y corbata ya los delataba
Que uno era arquitecto, que otro era doctor

Y el otro el modesto del buen Profesor
Uno se iba quedando y otro subía
Pero ésa… ¡Esa es la Patria mía!

(Canto Sexto)

En los grandes estrados
Ilustres magistrados
Bajando reluciente, pentélico salón
Un códice creando la mente de Solón
Para regir los Sinos
De los que ayer nos vimos
Y que desconocidos hoy no nos podemos ver
Que unos son más, que otros son menos…..Eso fue ayer

¡Cómo se puede caer!
Le dice un juez al testigo
Solo ayer eras amigo
Del viejo tiempo escolar
¡Levántate, despierta
Deja las horas muertas
No hay que matar las raíces que ayer pudimos amar!
Unos van a legislar
Otros a obedecer
Pero es sagrado el deber
Y es pura la obligación
Luchar, decente, luchar
Hagamos la gran Nación
Entre penas y alegrías
Y grita de corazón
¡Ay, esta es la Patria mía!

Todos en la gran Nación
Han de ser como el marino
Aferrados al timón
Estear derrotas, norduestear caminos
Has de poner tú la idea, porque con ella se intenta
Capear y capear tormentas
Dios al hombre dióle fuerzas para que pueda crear
Y le ha dado el sentimiento para saber qué es afrenta
En este incesante viaje
Dominando el oleaje y rumbeando las estrellas
Este es tu propio camino: marcha firme, paso y huella

El hombre siempre malogra lo bello que encuentra en ella
Y lo mismo que destruye
Como insensato increíble
Mañana lo reconstruye
Porque total ¡Es libre!
Por eso alguno quedaba y otro seguía
Pero ésa… ¡Ésa es la Patria mía!

(Canto Séptimo)

Cuatro mil millas tenemos de longado continente
Como trescientas al norte que van de Oriente a Poniente
Es ancho frente al desierto
Angosto al sureño puerto
Mas, lo que falta en anchura
Sobrado está en la hermosura

Esta es la tierra que llama, la que enloquece de amor
La que el patrio ardor inflama
La que es Edén hecho flor
Tiene una recia columna toda de blanco vestida

Reina en su frente el calor, sus plantas siempre ateridas
Son sus islas todas, todas
Reinas que van a las bodas
Con el sol

Lenoc, la Nueva y Picton de lejos la más austral
Y Juan Fernández sus costas
Con singulares langostas
Y la Antártida en el Polo bajo la luz boreal
Por acá la misteriosa de enmudecidos mohais
Llamada Ombligo del mundo, como Rapa Nui no hay
Megalíticos guardianes de una civilización
Sus atlánticos colosos
Misteriosos…
Incrustada en el Océano Pacífico, irreal…
Trozo de estrella, la guía de otra gran Constelación

Y Náyade pasea los lagos australes
Y Príapo remonta los Valles Transversales
Bosques, praderas, montañas
Saturadas de bellezas
Por sus ríspidas entrañas
El oro, plata y carbón
Todo entre dos fortalezas
La mar y la cordillera
Bienes que están a la espera
De otra nueva vocación…

(Canto Octavo)
Tiende sus alas el cóndor pleno de gracia y potencia
Entre la tierra y el cielo plantó su rústico nido
Por lo picos de Los Andes causa estupor su presencia
Gigante de las alturas y del tiempo preterido
Las crestas de las montañas llevan girones de sombra
En ellas recorre el puma su temida majestad
Y en los claros de la luna cantan jilgueros y alondras
Por robledales y ñires el hombre y su soledad

En un remanso cualquiera
Se detiene el arroyuelo
Bebe la bestia y espera
Que beba el amo también
Nadie tiene aquí recelo
Porque es pura y cristalina
Es la vida en la colina
En el alma y en la sien
Ay, cuánta melancolía
Por esa ¡Por esa la Patria mía!

Nos contaban en Trehuaco que por allá por Quirihue
Crecen los cerros de espinos, crecen las parras también
Que ha traído el viento casto polen de maqui y copihue
Y que una piedra gigante se levanta en el Coiquén

Esa piedra es un misterio
Cual trompo creció y creció
A su sombra un dinoterio
Hace tiempo descansó
Ella brama con los vientos
Los relámpagos recrea
Y con el sol se codea

Motivo de hermosos cuentos es la Piedra del Coiquén
Porque yace en otra piedra misteriosamente llana
Quieren sacarla de quicio, mas la roca soberana
Imantada se sostiene sin el mínimo sostén

Pero esa Piedra está viva: un viejo dios sin cariño
Que se mueve si la toca la débil mano de un niño

Más al sur cerro Chillán
La Cueva de los Pincheira
Desde lejos cuantos van
Por el paso de Maureira
Cuentan que el búho Pillán
Después de sus fechorías
Con el ala rota un día
Buscó esas cumbres a solas y en los cerros de Chillán
Dejó la vida Pillán
De sus heridas brotaron… ¡Las Fumarolas!

(Canto Nono)

Fue Monsieur de Bouganville el intrépido viajero
Que de Talcahuano fue a Concepción de la Luz
Tanto andar sus ojos vieron una coraza andaluz
Y en los claros de unos cerros se detuvo el caballero

Mil cosas para el retorno
Tenidas por preferidas
Llevaba cuando vio en torno
De un cerro flores floridas
Una halló tan distinguida
Enredadera de sol
Que llevó a la Corte un tallo de aquel Cerro Caracol

Sobre Temuco la tierra
Del invencible Araucano
Que por tres siglos la guerra
Hizo al Conquistador Hispano
Está enclavado el Ñielol
A sus plantas la laguna
En sus laderas montañas
En medio de la maraña
Crece una flor cual ninguna
Campanas, copihues rojos

Baño de sangre araucana
Son las lágrimas indianas
En las selvas del Ñielol

Oh, Patria, cómo te quiero, deja besar tu memoria
Perdona si sollozando vengo a cantar tus historias
Mil veces en tus quebradas
El alma quedó enredada
Como que llevo presente
Esa bondad de tu gente
Y sus folclóricos cuentos
Que la piedad franciscana guarde en sus viejos conventos

(Canto Final)

Ay dónde estarán los míos
Mi tiempo se va acabando
Mi caminar es más lento
Mis ojos ya no ven bien
Triunfos, glorias, desvaríos
Mientras el mundo va andando
El mundo se está quemando
Tal los recuerdos al viento
La vieja escuela también

¡Cuándo volveré a tu lado
Mi terruño idolatrado!
Quiero me cubra tu manto cuando el mundo me despida
Y a Dios le pido cederme escribirte estando en vida
Porque yo… ¡Ya no sé nada…!
Si cumplí con mi jornada
O si soy uno de aquellos perdidos en lejanías
Que a su Tierra solo han dado melancolías
Que en la rueda uno quedaba y otro seguía!
¿Pero ésa? ¡Ésa es la Patria mía!

APOTEGMA

Gloriosa por sus hechos de armas, libre, siempre libre, heroica y señorial, cuyos talentos en las ciencias, en las artes y en las letras han cubierto de lauros su bandera, única tierra galardonada dos veces con el Nobel de Literatura continental, hoy recibe el aporte de uno de sus hijos que desde el triste exilio añora las bellezas que no ha de empañar la ponzoña plúmbica del cielo al que cantara Darío, el Gran Panida, con su "Azul" ¡Azul por su cielo santiaguino y por las aguas vestidas de azul de su Valparaíso hasta la conjugación de los océanos!

Invocación

Puro Chile es tu cielo azulado
Puras brisas te cruzan también
Y tu campo de flores bordado
Es la copia feliz del Edén.

(El autor del Himno Nacional de Chile)

Prólogo

Por Rafael Navarro Sándigo

Tras la lectura de esta magnífica Obra intitulada "Proyecto Smog — Santiago de la Nueva Extremadura", la más sincera admiración invadió todo mi ser, por cuanto descubrí el profundo mensaje de la ciencia, entonces exclamé: ¡Oh, Dios mío! ¿Qué virtud pusiste en mí que el Dr. Emilio Galán, cuya frente preclara ceñirá sin duda la presea gloriosa del Nobel de Literatura gracias al numen con que has privilegiado su mente de poeta, escritor y filósofo, para invitarme a escribir el prólogo de esta rara cuanto monumental Obra, cuya inspiración hermanada a sus conocimientos y sabiduría la hacen un baluarte de amor para la Humanidad y el Planeta? Nuestra Madre Tierra clama protección con dolores de parto, protestando con horrorosos cataclismos, como exigiendo la manifestación de hombres de visión realizadora que logren controlar sus devastadoras fuerzas. De pronto (¿de pronto?) emerge la figura de un hombre valiente, quien exclama cual egregio soldado ¡Presente! Entonces procede a desarrollar su tesis o ensayo científico, presentando una estrategia singular que muy pocos se atreverían a esbozar siquiera, cuanto menos plasmar en un libro como éste que traerá una respuesta efectiva al dañado Planeta. En mi opinión es una Obra Maestra llena de conceptos de ingeniería basada en los mismos secretos naturales que el hombre pareciera ignorar.

Al tener en mis manos el borrador de este "Ensayo" me inquieté y me pregunté: ¿Cómo hizo esto el Dr. Galán, el poeta del verso inspirado, grandilocuente y profético? Recurre a elaborar esta tesis y sé te impactará, querido Lector, porque sabrás que lo que tienes ante tus ojos es obra de los dioses, de los grandes filósofos de antaño, el erudito Galán, mi amigo fraternal, acostumbrado a vestir el birrete y la capa del poeta, traslada magistralmente su pensamiento a un nuevo estado mediante una nueva dimensión: Con Galán el verso se hizo ciencia y la ciencia verso. En esta prodigiosa Obra Galán conjuga con facilidad asombrosa conceptos de ingeniería mecánica, hidráulica, termodinámica.

Al hablar de cambios térmicos que precipitan las lluvias y los movimientos atmosféricos, habla de las colosales presiones terráqueas (formación de diamantes) y de los grandes abismos de obscuridad absoluta, todo ello técnicamente expresado…. ¿Apocalipsis? ¡No! Ciencia.

En principio, el Proyecto Smog se concentra en "barrer literalmente" del cielo chileno la nube de "Smog" que hace casi imposible respirar aire sano en la famosa urbe que es la Capital del Reino de Chile, cuya arquitectura es única en el Continente. Al inicio de la Obra el autor nos toma de la mano y caminamos con él entregándonos un hermoso pasaje histórico trayendo a nuestra imaginación la idea de cómo el arco-iris perdiera paulatinamente su color.

Su explicación, como ya lo dije, es tan amena e interesante que la leí repetidamente y más de una vez recordé los imperecederos cuentos de las mil y una noches. La sencillez del lenguaje es tan nítida que sin dificultad llega al lector y tal es así que aun los términos más profundos y técnicos se hacen ligeros, comprensibles: Todo, por la virtud del Genio —Genius at Work". Además, es una obra breve y compendiosa. Al inicio de la Obra el Autor nos remonta al Chile precolombino donde ya comienzan a generarse nubes de humo en ese cielo azul austral. ¿Quién en esos tiempos prestaría atención a ese fenómeno? Al pasar de los años la situación se hace gris cubriendo la diafanidad de aquel cielo otrora despejado, constituyéndose en seria amenaza para la salud del mundo, solo superada por México D.F., marchando inexorablemente a ritmo de destrucción.

¡Salvemos al Planeta! Involucremos la ciencia, invitemos a las universidades y gobiernos que ayuden a la investigación en base a esta Obra principalmente. Apoyemos este gran "Proyecto" científicamente concebido, porque no está divorciado de los conceptos de los grandes filósofos como Aristóteles, conocido como Padre de la Ciencia, quien decía "Los líquidos suben por horror al vacío" y tuvo la colaboración del estado. Alejandro Magno pone a su disposición gran parte de su ejército en la recolección de especímenes para la realización de sus investigaciones.

Arquímides, "Padre de la Palanca", proclamaba su capacidad para realizar cosas extraordinarias, tanto que llegó a exclamar: Dadme un punto de apoyo y os levantaré el mundo".... Debemos recordar que, además, fue creador de aquellos colosales espejos que concentrando los rayos solares carbonizaron los barcos de guerra enemigos. ¿A qué costo se fabricaría esos espejos de tal magnitud y qué de los mecanismos para su rotación y ajustes de disparo de los rayos solares? (¿inicio del laser?).

Más tarde Descartes (Cogito ergo sum) formula la ley de las lentes. Antes Galileo estudia la caída de los cuerpos libres y asevera que toda ley física es el resultado de la observación, más la experimentación.

El fenómeno chileno no es obra de la casualidad, pues comenzó con las amenazadoras lumbres de fogatas utilizadas por esos aborígenes para la cocción de sus alimentos. Pero yo hago un parangón con esto y el efecto mariposa cuando allá en las zonas desérticas del África una sola mariposa al batir de sus alitas genera una casi imperceptible energía que, al crear ciertas condiciones atmosféricas entra en resonancia con otros movimientos que se integran concatenándose asombrosamente, originando entonces, los grandes vientos convertidos pronto en huracanes y tormentas.

Estoy convencido que el Profesor Galán en su propuesta comenzará a desintegrar primero las nubes de "Smog" hasta llegar a la mariposa inicial, eliminando los monóxidos y fluoruros y toda pestilencia que oscurezca el cielo de la hermosa Capital del "Reyno de Chile", creando otro ambiente y eliminando ese tipo de fenómeno letal. Tales conceptos son dignos de un científico que en mangas de camisa se involucre en dicho Proyecto. La vida es un misterio por el que todo ser humano o insecto lucha impulsado por su instinto de conservación….

Todos los lectores que realmente se interesen en los bienes de la Madre Naturaleza deberán apoyar este importante Proyecto hasta verlo cristalizado. El papel de la ciencia no se limita a la deducción lógica, sino que puede ser un acto creativo de la capacidad humana.

Amable Lector:

Estamos ante la presencia de un científico empírico al que Rubén Darío, poeta de "Azul" y la Canción profana hubiera incluido en su Libro "Los Raros". Si Franklin arrebató el rayo a los cielos y el cetro a los tiranos, Galán tiene la "escoba" para barrer la capa oleaginosa que cubre el cielo de la Capital de Chile, con lo cual se contribuirá al beneficio de la purificación de la Ecología Mundial.

Os invito, pues, a entrar en esta Catedral del Saber para hacer posible la realización de los objetivos de esta Gran Obra "Proyecto Smog — Santiago de la Nueva Extremadura".

Rafael Navarro Sándigo
Ingeniero Electromecánico

PRESENTACION DE LA OBRA Y SU AUTOR

Allá lejos, al sur de Chile, al pie de un cerro en cuyo faldeo manaba una lenta vertiente de agua fresca y cristalina cubierta en una vasta extensión de largas hojas de maravillosos helechos, se alzaba la casa patronal del Fundo Quimpo que en los tiempos coloniales perteneciera a una familia de pioneros apellidada Ormeño y que tenían disponible solamente para la cría de animales por la abundancia natural de sus pastizales y la apacible tranquilidad que tanto beneficia a la ganadería que ha de desarrollarse en un ambiente de paz, alejada del molesto ruido del avance humano y arrullado por el canto silvestre de miles de avecillas que revolotean en su propio Edén. Con el tiempo esa Estancia sería comprada por los Padres del autor de estas páginas pletóricas de sentimentalismos y riquísima en dispendioso enfoque de la ciencia que denuncia la enorme capacidad intelectual de quien aporta a su Patria tan querida los bienes inmarcesibles de su vastísima cultura.

Nos cuenta el Profesor, Dr. Emilio Galán, que en las frías mañanas bañadas por un sol que apenas entibiaba, su santa Madre se sentaba detrás de aquella vetusta casona e intencionalmente comenzaba a leer en voz alta un Silabario titulado El Ojo, haciendo las veces de ser ella quien comenzara a aprender a leer. Su niñito el menor de su "parvada" de hijos –como solía llamar a su numerosa familia- protegiéndose con una mantita muy adecuada para sus 4 o 5 añitos de edad se acercaba tímidamente a su madre que sin dejar de leer y palmeándose una rodilla le ofrecía su regazo, al tiempo que aprisionándolo ella leía nuevamente "O – J – ¡O!…! y luego repetía lo mismo agregándole la letra "O" – "O – j - O concluyendo enfáticamente ¡Ojo! ¡Qué lindo, hijito mío, qué lindo! ¿A ver? Usted ahora: y el niño señalando las letras con su dedito índice repetía la lectura, un poco apañado por el tibio sol de la mañana, olvidándose del airecillo frío que enrojecía sus mejillas… La mamá disimuladamente lo dejaría sentadito en su lugar y a los pocos minutos sentiría su voz que desde lo interior de la galería de su casa le llamaba a "tomar un jarro de leche calientita endulzada con miel de abeja" cosechada en el mismo campo. Entonces el niño le pediría a la mamá que le escuchara, porque le iba a leer toda la página del libro… El abrazo y los besos de su madre correteando dichosa por toda la casa con él en brazos serían el bello estímulo para su infantil corazón… Creo, dice Emilio Galán, que hace como 70 años que sigo leyendo y escuchando las voces de mi Madre desde el cielo.

Esta circunstancia le ha permitido escribir numerosas Obras Literarias y todas dedicadas a la Enseñanza y Educación, concluyendo ésta que pretende un apoyo de incalculable valor para su tierra y de indudable apoyo a la ecología en el Globo Terráqueo. Y aunque dice el autor que tal vez sean escasas estas páginas para los grandes científicos chileno, quisiéramos discrepar con él, PORQUE EL TEMA ELEGIDO EN CONMEMORACION DEL SEGUNDO CENTENARIO DE SU PATRIA es como el Fiat Lux para la ciencia administrada por tanto intelectual chileno de reconocida fama. Y no siendo un físico ni un matemático, como él lo declara, el Dr. Emilio Galán una vez más nos asombra con el caudal de sus conocimientos que abarcan una filosofía que el mundo intelectual del habla hispana en Los EEUU de América se regocija en tenerle como uno de los escasos filósofos con que ha de representarse el Siglo XX dentro del siglo XXI tan pragmático que casi no deja espacio al pensamiento lírico por la abundancia del materialismo más exigente que ha conocido la historia de la humanidad

Dr. Emilio Galán, poeta, escritor, historiador y filósofo chileno.

CAPITULO 1

SINÓPSIS HISTÓRICA DE CHILE

SINOPSIS HISTORICA DE CHILE

LA MAS FANTASTICA RELACION DE UNA EPOPEYA

Una empalizada de cuatro muros de toscos adobes hechos de barro y paja de los pajonales, hojas secas, ramas y coliguales entrelazados, techos provisorios del mismo material, de amplio corredor frontal, cocina elevada para que escapara el humo de los tizones y de la leña verde que hería los ojos del Conquistador y sus bravos Capitanes, en tanto hacía sonreír al indio "Amigao" y a la mozuela araucana que sabía de cocimientos de papas, nabos silvestres, conejos, ranas y carne de coipos, la que junto a doña Inés, amante de Valdivia, prepararían la magra merienda. Todos comerían del mismo plato, es decir del mismo guiso, y con gran fruición, sin importar su magrez. Para un estómago hambreado sabría a manjar de obispos y cardenales cualquier cocimiento de patatas y animalillos salvajes, pajarillos y frutos silvestres de aquella tierra virgen llamada a ser Campo de Marte, espléndido escenario del guerrero ibero, del hombre que sediento de aventuras llegaría a esta parte del Nuevo Mundo, a este "Nuevo Extremo", dispuesto a enfrentarse con los más terrible adversarios de la desconocida araucanía.

Serio desafío de aquella cocina saturada de humo, la cual fuera signada por el imponderable Sino a perpetuarse en el futuro Centro del Ayuntamiento Español y que pronto, muy prontamente sería La Ilustre Municipalidad del Ilustre Cabildo y Regimiento de Santiago de Chile.

Pedro de Valdivia (1497-1553)
Fundador de Chile
Óleo de Francisco Mandiola

Su Majestad Carlos V, el invictísimo Rey de España y Emperador de Alemania, en premio a los grandes servicios y grandes méritos de Valdivia, el 29 de Septiembre de 1554 expide en auto un Decreto Real ampliándole la Gobernación de Chile hasta el Estrecho de Magallanes, otorgándole, además, los Títulos que Don Pedro de Valdivia no podría disfrutar, pues a esa fecha ya había fallecido en la heroica batalla de Tucapel, víctima de sucesivos ataques sin tregua por parte de los araucanos, cruelísima batalla acaecida el 25 de Diciembre de 1553. A Pedro de Valdivia se le considera el verdadero Fundador de Chile. Aquella acción tuvo características heroicas, registrada en los hermosos parajes aledaños a la ciudad de Concepción de Penco, fundada por tan ilustre Caballero para testimonio de su inmortal proeza en 1550. Se egregia figura, elevada al bronce, se erige en gigantesca escultura ecuestre en medio de la Plaza Central de Santiago de Chile en memoria del titán y en prueba de gratitud del pueblo chileno.

La Ciudad sería aquella, la del "galpón del humo". La Ciudad sería aquella, la llamada a convertirse en la Ciudad de Santiago de la Nueva Extremadura, en homenaje y recordación del pequeño paraíso extremeño, cuna de quien muy prontamente sería llamado con justedad El Conquistador de Chile.

¿Y cuál era el territorio de su heroica avanzada? Chile, o Chilí… que en la égida valdiviana se transformaría en Capitanía General del Virreinato del Perú. De ese "Reyno-Imperio" tomaría posesión en el nombre de sus Soberanos españoles un audaz capitán de los tercios ibéricos quien sería don Francisco Pizarro, el que en esfuerzo, inteligencia y tesón nada tendría que envidiar a su par don Hernán Cortés, ya que ambos superaron su prueba de modo muy similar y a ambos su propio destino les condujo por tan míticos lugares para enfrentarse a una de las más singulares administraciones sociales: El Imperio del Inca, surgido al pie de la mole andina, una tierra que encerraba incalculable tesoros en arqueología y montañas de oro: ¡El Perú! Cortés adentrándose en la civilización Azteca que le ofrecería monumentales obras de ingeniería, cientos de pirámides que harían recordar al Antiguo Egipto, extrañas religiones que contemplaban un lejano "Diluvio Universal", la adoración de los fenómenos de la naturaleza y la pacienzuda espera del dios Quetzalcóatl, al que creyeron salido de la mar océano en concordancia con sus mitológicas creencias. Las riquezas allí halladas fueron fabulosas y fabulosa su ciencia, como la del maya en Guatemala. Tal acontecería en Perú, donde Pizarro hallaría una extraordinaria civilización y un Soberano al que cautiva prisionero, el cual por su rescate paga habitaciones repletas de oro y plata. Todos estos tesoros pasarían a España y como si España fuera un río, caudales de tesoros inundarían la Vieja Europa.

Pero acá, en este lejano "Reyno" calificado como el infierno mismo por don Diego de Almagro, a quien se le apodaría "El Adelantado, por haber sido el primero en querer aventurarse por estas latitudes a donde le condujo su ambición cruzando la rigurosa Cordillera de los Andes en plena época de invierno y regresando al Perú por Atacama para cruzar uno de los desiertos más candentes del mundo, la expedición ciertamente debió resultar calamitosa... ¿Cómo no llamar "infierno" a estas soledades? Sin embargo, otros tesoros esperaban ocultos bajo el manto protector de misterioso embrujo de una virginal naturaleza. No en vano declara don Pedro de Valdivia a su Soberano "En el Reino de Chile tanta

Francisco Pizarro

fermosura non es descreptible y sus aires son tan deleitosos que puede uno andarse en calzas y camisas toda hora del día y noche sin padecer frío casi mejor que en el Andalucía y tan pródiga en yerbas que esta tierra no ha menester botica.

Aquello del "Humo" en la primera cocina ¿No fue premonitorio? En su interior gente buena, audaz, determinada... la Vieja Europa y el indio del Nuevo Mundo se juntaban... Allí, en esa rústica cocina todos lo eran todo... ¡Todos uno! El futuro latía en esos corazones: La Historia esperaba… ¡Y hoy nuevamente el HUMO…! ¿Premonición? ¡SMOG!

Transcurrido el tiempo y a poco andar, obtenidas las primeras cosechas del poco grano traído por semilla en las alforjas, se escribiría una de las más asombrosas epopeyas de la Historia Universal, porque en las márgenes del Bío-Bío, impetuoso río nacido en las alturas de Loncopangue arriba, un pueblo, uno muy singular ¡Otro Pueblo! asomaría con sus batallones de broncínea estructura y nervudas espaldas que soberbios y lacónicos ordenarían: ¡Alto! ¡No pasar!

¿Qué pueblo será éste, Maese Capitán, de mandos tan soberbios? Ah, ¿éste? este es el pueblo Araucano. Una Guerra sin cuartel se avecinaba… Valdivia lo intuía. Pasaría, correría algo más el tiempo y aquellos magníficos atlantes se robarían a todas las mujeres españolas, a las hermosas y finas mujeres de la Corte Real que osaron aventurarse en este viaje al Nuevo Mundo. ¡Alboreaba el 1600! Aquellos salvajes araucanos las robarían y luego las dejarían ir. Y es de advertir que ninguna compasión les inspiraba la angustia de los hombres barbudos que buscaban a sus esposas o amantes; tampoco la sentirían esas bellas mujeres… ocultos sentimientos dejaban entrar las luces del futuro… Las "malonadas" de Cañete, Ongolmo, Trehuaco, la Paz de Negrete… Y las figuras legendarias: Lautaro, Leucotón, Caupolicán, Colo-Colo Michimalonco… toda una pléyade invencible. De estos terribles guerreros y de aquellas finas, hermosísimas mujeres españolas, caería la simiente nueva de un nuevo pueblo; una raza imponderable se nacía por si misma en aquella floresta que viera aparecer la sangre ibera al pie del cerrito Huelén – un trocito de paraíso hoy el Santa Lucía – nacido para otear un horizonte de anhelos y pasiones y por entre sus estrechas callecitas ver corretear los Cupidos con sus danzas de amor… ¡Oh, mi Santa Lucía! ¡Cómo llora hoy mi corazón lejano tu lejano recuerdo!

Los salvajes araucanos las dejarían ir, no sin antes haberlas engendrado, como los dioses Atlantes en cruzamientos con humanos para crear semidioses, aquellos, Pléyades y éstos Sansones y Caupolicanes… Las dejaron ir, naciéndose así un pueblo: ¡Otro Pueblo! ¿Fruto? Aquellos niños indígenas de cabellos rubios, o de tez morena y ojos color hierba. Había comenzado a surgir otro pueblo, uno muy singular, auténticamente Americano, libertario, altivo y guerrero como fiera imagen de sus antepasados… ¡El Pueblo Chileno!

Trece años bastaron al valeroso Pedro de Valdivia para fundar 13 ciudades, enviando a sus capitanes a los cuatro vientos, tal don Juan de Bohón al norte para fundar La Serena que se constituiría en un verdadero pasadizo camino al Perú, como que otros de la talla y lealtad de don Francisco de Aguirre o Jerónimo de Alderete que, cruzando la enhiesta Cordillera de los Andes, irían a fundar la Ciudad de Mendoza en nombre de Valdivia y su invictísimo Soberano, a la sazón el Poderoso Rey de España y a la vez Emperador de Alemania, don Carlos V.

En 1553 caería víctima de su temerario arrojo don Pedro de Valdivia en la famosa batalla de Tucapel (o Tucapelo) al Sur de Chile, algo más allá de la actual Concepción -llamada hoy "La Ciudad Universitaria"- el asedio y el cansancio minaron las fuerzas de los porfiados castellanos que en aquellas ciénagas dejarían las vidas para siempre, en tanto una corona de laureles también quedaría para siempre suspendida en esas bucólicas soledades en homenaje a los fundadores de nuestra nacionalidad. Valdivia allí ascendió a la eternidad: Era el atardecer de un "Febrero" cuando moría el Héroe, siendo que 13 años antes, pero al hermoso amanecer de otro "Febrero", se iniciaba la leyenda. Lo que sigue, lo demás, lo almacenaría la fecunda Historia sobre cuyas páginas asomaría el Capitán, el Gladiador admirado por el Indio como digno rival, el formidable Valdivia, el viejo guerrero, el soldado que sin presumir de literato escribiera las más hermosas cartas a su Rey y Señor de todas las "Españas", las que en nada han de envidiar en belleza y lozanía ni a las del mismo César. Esas epístolas pasarían a la Historia como "Las Cartas de Simancas".

Aquel Santiago del Nuevo Extremo estaba llamado a ser una de las más hermosas Capitales de los Reinos Hispanos de la América morena que tantos portentos daría a las Letras Castellanas, a las Artes y las Ciencias, como aquellos de la espada y la pluma; creador de un ejército siempre vencedor en la tierra y en el mar, cuyas filas por defender la Soberanía Nacional y su Libertad han triunfado en toda Guerra, con ese valor heredado del invencible araucano nacido para ser libre y jamás sometido. Por eso, cuando en 1555 arribara a estos dominios don Alonso de Ercilla y Zúñiga dispuesto a combatir al formidable y temible Araucano, se yergue hidalgo y sublime para cantar sus hazañas y sobre la corteza de un corpulento y añoso roble escribiría con el filo de su toledana: "Hasta aquí ha llegado / don Alonso de Ercilla que el primero / con solo diez cruzó el desaguadero. Y después, sabedor del denuedo de las heroicas huestes por defender su tierra virginal y contemplando la belleza exuberante del paisaje doquiera volviera la Mirada, vaciaría su inspiración en un poema de trescientas páginas que intitularía "La Araucana de Chile" y es tal la magnitud de su inspiración que basta con conocer su primer estrofa con la que inicia su homérico relato:

> Chile, fértil provincia y señalada
> De la región Antártica famosa
> De remotas regiones respetada
> Por fuerte, principal y poderosa
> La gente que produce es tan granada
> Tan soberbia, gallarda y belicosa
> Que no ha sido por rey jamás regida
> Ni a extranjero dominio sometida

(1555 "La Araucana de Chile" de Alonso de Ercilla y Zúñiga)

CAPITULO 2

LA FATIDICA NUBE GRIS

LA FATIDICA NUBE GRIS

400 años... y la ciudad de Santiago, próspera y bullente, sigue y sigue con el ardor del primer día, poniéndose a la cabeza de su propia civilización, aunque esa misma evolución (como en los galpones del humo) hoy yazga invadida por otro "Humo": El Smog -¡Ah, el Smog - el Smog!

Una espesa capa oleaginosa la invade y no ha habido hasta la fecha remedio para el mal; sin embargo, esta pluma tiene acaso su remedio, una especie de antídoto para la enfermedad, pues así como aquella pluma escribiera La Araucana, la mía, la más pequeña quizás, escribirá la receta que la libere del mal, que la desintoxique: ¿Con qué ingredientes? ¡El Agua!

La historia de la humanidad se ha escrito sobre y bajo las aguas. Por algo se le llama "El líquido elemento". Sin agua no hay vida. Y desde el vientre materno estamos inmersos en una confortable bolsa de agua. Este elemento está presente en todos los actos de la vida: Si duerme, transpira; si hace esfuerzos, transpira; se necesita el agua en la comida, para beber, para asearse; para abrevar los animales; para los baños de hombres y animales, en las letrinas, en los motores para evitar su recalentamiento, en fin, hasta en el bautismo; el agua está en nuestra sangre y hasta en los poros de nuestra piel, con el agravante de que por los mismos poros se escapa abandonando a nuestra piel, provocando su resequedad y envejecimiento; por lo tanto es preciso recuperar el agua perdida a fin de preservar la juventud mediante la tersura de nuestra piel. Tal es la importancia de la presencia del agua que se la considera el segundo elemento vital de la existencia después del aire. Y LaoTsé, aquel filósofo chino, probablemente contemporáneo de Confucio, aunque se dice que existió alrededor del Siglo III a.C., expuso que "El Agua es símbolo de vida y renacimiento, principio y fin de todo cuanto existe".

Y sabemos que las ¾ partes del Planeta están cubiertas de agua y hasta el 93% de nuestro cuerpo lo compone el agua. Los mares contienen en sus cuencas enormes cantidades del líquido elemento, pero solo la que corre por los ríos, o aquellas de los lagos o vertientes subterráneas es potable; aunque, claro, debemos admitir que ese agua es el fruto de los deshielos que bajan desde las altas montañas y esos hielos cubriendo las elevadas cumbres son, a su vez, el producto de la condensación térmica a muy bajas temperaturas de la evaporación de los mismos mares que llevada por los vientos gira y gira para caer a la tierra y que nuevamente ha de volver al mar por infinitos conductos subterráneos, como también por la desembocadura de grandes ríos directamente sobre los mares.

Sin embargo, pese a que el ciclo está maravillosamente calculado en infinita e ininterrumpida rotativa, las reservas de agua limpia para el hombre son muy escasas.

El agua del Planeta se calcula en un 97% la salada y solamente un 2 ó un 3% es agua dulce, la cual ocupa cerca de un 99% de los Glaciares y solo un 2 ó 3 % el agua dulce, ocupando un 99% los glaciares y las corrientes subterráneas. ¿Pero cuánta agua dulce está disponible para los seres humanos? Probablemente un 1% y con ello se ha intentado vanamente sustentar el verdadero consumo de 7000 u 8 mil millones de seres humanos y que infinitud de otros seres vivos en la biodiversidad que de ella han menester. A esto se ha de agregar el consumo de agua dulce en la preparación de nuestras siembras, calculándose que para cosechar 1000 kilogramos de algún cereal (trigo – fríjoles) se necesita un promedio de 70.000litros de agua. Y en cada región del orbe los seres humanos han de emplear diversos métodos para proveerse el precioso líquido y conservar el preciado suministro. El Continente Americano es uno de los más privilegiados, sobre todo si nos comparamos con la India, v. g. en donde las mujeres, principalmente trabajan en el acarreo del agua, como que acá, en nuestra América, numerosos ríos bendicen con su líquido elemento la fertilidad de la tierra.

La preservación del medio-ambiente guarda estrecha relación con este PROYECTO. Lo que podamos realizar en un rinconcito del mundo en pro de su equilibrio beneficiará a todo el mundo. Lo que no hagamos por negligencia, o por sobra de pereza intelectual, podría estar contra todo orden contribuyendo al desgaste del medio-ambiente que anhelamos custodiar. Nuestro deber es cuidar la tierra, es decir el pedacito de universo que nos corresponde porque esto es un mandato de Dios; y al respecto séame permitido invocar un versículo de Jeremías, porque "Crea" quien lee mi mensaje o no, en las sagradas Escrituras hay muchos asuntos verdaderamente científicos que empecinadamente no queremos ver: Jeremías, Cap.12, v. 3 –Tu, oh, Jehová, me conoces, vísteme y probaste mi corazón para contigo… 4 - ¿Hasta cuándo estará desierta la tierra y marchita la hierba de todo el campo? Por la maldad de los que en ella moran faltaron los ganados, y las aves, porque dijeron: no verá él nuestras postrimerías…".

La ecología no es solamente el nombre pomposo de cierta materia de estudio: es el conjunto de elementos que van y vienen, involucrándonos a todos y a todo cuanto existe sobre la faz del Planeta. ¡Y cuán pequeño que es! ¡Y qué hermoso! Su debilitamiento está alcanzando al hombre con características pavorosas… y a tanto llega la preocupación que en el año 2002 un ministro británico del medio-ambiente advirtió que el 60% de los recursos pesqueros del mundo están siendo esquilmados. En su aseveración coloca como ejemplo la pérdida y escasez del Atún Rojo, el Pez Espada, cierta especie de tiburones, etc., y anoche, (Día 6 de Enero 2009) un noticiario en cierto canal de televisión anunciaba con alarmante preocupación que de seguir el desorden ecológico por culpa del hombre, estaríamos muy próximos a ser testigos de la extinción del rinoceronte, la pantera china, el tigre de Bengala, el elefante africano, sin contar las hermosas especies voladoras.

¿Cómo, entonces, no preocuparnos del SMOG, sea en éste o cualquier otro lugar del mundo? Santiago de Chile, como otras regiones en similares condiciones, son un foco de destrucción del medio-ambiente e indiscutiblemente un elemento de recalentamiento urbano, puesto que el cemento y el hierro en calles, construcciones y hasta los mismos bancos en hermosos paseos públicos, demoran mucho en enfriarse en las horas nocturnas y vuelve a amanecer y vuelve el calor y aumenta el movimiento vehicular y... no se diga más.

Y ésta ha sido una razón muy poderosa para que mi pluma remontara el vuelo propiciando un método científico para despejar el SMOG del cielo de la Capital de mi País, permitiendo, a mayor abundamiento, el libre tránsito de los vientos purificadores.

Los estudiosos en la materia han determinado que el aire siempre lleva una carga de partículas contaminantes, las cuales en determinado momento son depositadas en las nubes, impidiendo de ese modo que se produzca una saludable precipitación sobre la tierra seca, en circunstancias que sobre el mar esas mismas nubes contaminadas se convierten en lluvia con mayor facilidad. Este fenómeno obedece a la constante precipitación de sales expulsadas por el mar sobre las nubes. Desde luego, hablando en términos generales, las gotas de agua que se forman sobre las partículas contaminantes son tan pequeñas, algo así como una garúa, como que a la vez muy livianas, por cuya razón se mantienen flotando en el aire, en consecuencia tarda la lluvia, o lisa y llanamente no llueve.

Pero, reiterando esta información, debemos enfatizar que las partículas de sal marina logran condensar las nubes oceánicas atrayendo muchas pequeñas gotitas con las cuales van formándose otras de mayor tamaño y por lo tanto más pesadas, logrando el principal objetivo y que es despertar la lluvia que de paso limpiarán la atmósfera de contaminantes.

La capa oleaginosa que nos preocupa, sin sombra de dudas, obstruye el paso de los vientos porque su consistencia calórica hará predominar un clima (o microclima) de sistemas de alta presión, pero que pasará muy por encima de aquella gris nebulosa y las burbujas que podrían lograr barrer enormes zonas tras cruzar las moles cordilleranas serán irrelevantes, es decir, ausentes de condiciones adecuadas, pasarán con su aire aún cálido alejando e impidiendo la posibilidad de que la humedad del aire se transforme en buena lluvia.

Esto mismo, pero sin el flagelo SMOG, está ocurriendo en diversos sectores del mundo, provocando el crecimiento de los desiertos que irán avanzando por todas partes, dejando estériles enormes regiones que alguna vez pudieron ser fecundas, triste situación que puede observarse en las mesetas cordilleranas casi hasta los límites del Sur del Perú con el Norte de Chile, siendo que algo más allá iremos a encontrarnos con el abrasador desierto de Atacama; desde luego, nos asombran los misterios de la Naturaleza con cuyos misteriosos métodos Dios protege al hombre, siendo que una de estas fantásticas realidades la constituye una masa de tierra como imponente desierto con grandes mantos acuíferos en el subsuelo de Australia, hasta donde penetran las filtraciones gigantescas por infinitos conductos. La extracción de estas aguas es muy costosa. Pero un día no lejano el hombre se verá obligado a invertir esfuerzo y peculio en bien de la humanidad toda y en seguro provecho de la Madre Tierra que hoy se enfrenta a la dura prueba de la desertización. Y a aquellos mantos acuíferos se les ha bautizado "Cuenca Artesiana". Y así como casi todo el Continente Americano, y muy especialmente la República de Chile, cuenta con suficiente abastecimiento de agua, Australia tiene en sus zonas más álgidas el privilegio de una increíble provisión, algo así como un secreto que se ha transformado en evidencia, ya que las lluvias van depositando a su paso un caudal estimado en 300 millones de litros de agua (300.000.000) por día. Pero como el hombre siempre será un peligro estropeando hasta los más remotos refugios para la fauna que vaga superviviendo y la flora que se marchita lenta e inexorablemente frente a un turista indiferente y necio que con pérfidos usos y mala conducta estropea y destruye lo que a la Naturaleza le cuesta 1000 años construir: Esas son las Fuentes subterráneas del oculto manantial.

Muy comprensible es, entonces que el agua evaporada de los océanos torne a la tierra en calidad de lluvia en un constante ciclo "evaporación – lluvia - evaporación", retornando a lagos y ríos y mares y otra vez las aguas que irán a la tierra para darnos la vida, y que tornarán a los ríos hasta llegar por mil conductos nuevamente a los mares y así habrá de continuar el ciclo vital eternamente avanzando en círculo sin fin "ciclo tras ciclo"… ¿No es simplemente admirable? ¡Qué maravilla! Pero ¿qué pasaría si no tuviéramos el beneficio de la lluvia? me responderé a mi mismo con una referencia. Se conoce la sorprendente vida de cierta mosca Africana que en su estado larval segrega una sustancia viscosa que le presta una protección muy severa cuando carece del vital elemento: El Agua. Entonces cae en un letargo indefinido muy parecido a la muerte. Esa sustancia la cubre como una capa protectora y detenido su metabolismo podrá permanecer así, como petrificada, absolutamente inerte, por el asombroso tiempo que promedia los 17 años; claro que a las primeras lluvias puede revivir (Science New)

¿Qué le pasaría a la especie humana si ello le ocurriera? ¿Cuánto se retrasaría la civilización? ó ¿Sería igual la facultad de la inteligencia, pensar, sentir emociones, etc.? Pero la Divina Providencia que nos hizo a su imagen y semejanza nos dio tan bellas cualidades para que, además, con ella cuidáramos la casa en que vivimos y que no es otra que este pequeño y hermoso planeta.

Desde luego, debemos comprender que despejar la atmósfera santiaguina contiene características muy localistas por tratarse de aquel sureño lugar. Pero no será tan localista si pensamos en el bien y la importancia de colaborar con la preservación del "medio-ambiente". Por lo tanto, aboquémonos a esta tarea pensando en el peligro que vamos a evitar con todos los estragos del recalentamiento global, siendo que en nuestras manos está en estos momentos alcanzar la solución mediante el Plan que estoy promoviendo. ¡Tengo la extraña sensación de haber acertado plenamente con el remedio que necesitábamos para tan nefasto mal! (Así ocurrió con uno de nuestros hombres descubridor del antídoto contra la

TBC favoreciendo a toda la Humanidad: ¡Un químico chileno, el Doctor Germán Bueno de la Cruz, figura egregia tan desconocida! El autor de estas líneas tuvo el honor de conocer y tratar a su precoz secretaria, una científica que desde los 12 años de edad colaborara con el Dr. Bueno, cuya constancia dejo en otra de mis obras intitulada "El Hospital San José y su Relación Historiográfica". ¿Qué ha sido de estas personalidades de la ciencia chilena......?)

Intentar alcanzar los misterios de la Naturaleza en la más absoluta dimensión, y digo "más" en el sentido de procurar lo más próximo a lo absoluto, es como intentar vaciar el mar con una conchita marina en un pequeño pozo cavado en la playa por la mano de un niño. Sin embargo, no cansada todavía loa paciencia, paso a paso se enfrenta el hombre a los misterios, como si Dios mismo le permitiera utilizar su talento escudriñador y descubriendo como si fuera un pequeño dios.

La intuición de un poeta, su inteligencia perceptiva y sensitiva, también forman parte de esa búsqueda. Y ello ha contribuido a mi hurgar impenitente hasta haber hallado a un ser muy curioso y extraño que la naturaleza nos presenta en auxilio del caso que hoy nos preocupa: "Retirar el Smog de la Atmósfera". Mediante el empleo de poderosos chorros de agua, unos livianos y otros pesados: Sal... ¿Pero qué sal? He deducido en página anterior que la más apta es la del mismo Océano. Imperfectamente, a no dudar, pero anheloso de la perfección de su mecánica, he venido a sugerir la instalación de unas bombas impulsoras del líquido elemento. El desarrollo de su efectividad la dejaré en manos de los científicos que se sirvan colaborar en la materia, Para esto concurre el recurso de la siguiente manifestación de la naturaleza, ya que se trata del "Escarabajo Bombardero", una de las curiosidades con que la biodiversidad nos asombra y dejaremos su tarea a los científicos, que son los maestros del escudriñamiento; en consecuencia me referiré precisamente a ese: El Escarabajo Bombardero, pequeño crustáceo de apenas dos centímetros.

Posee un par de glándulas en el extremo de su abdomen, las que en su defensa se abren lanzando un poderoso chorro líquido que al parecer expele a 100 grados centígrados. El elemento expelido contiene un tóxico de substancias químicas cuyas bases son el "vapor" de agua. Los científicos que estudian el comportamiento del escarabajo de marras, que llamaremos "Maestro Natural", procurarán una enseñanza que nos ayude a crear mecanismos o sistemas de rociado eficaces para colaborar en la tarea de un buen equilibrio del medio-ambiente.

Se cree que el insecto utiliza "Válvulas-Unidireccionales" que permiten la entrada de substancias químicas en su propia cámara de reacción, poseyendo, además, UNA VALVULA DE ALIVIO DE PRESION para expeler dichas substancias.

Pues bien, si la ingeniería pretende utilizar este descubrimiento en diversos motores: ¿Por qué no hacerlo aplicándolo a mi invento de los chorros de agua para disipar el contenido de la capa oleaginosa que en forma de tóxica nube cubre nuestro ¿Cielo Santiaguino? – Creo que si el escarabajo puede cambiar la velocidad, la dirección y la consistencia de "Su Chorro", tiene que haber un mecanismo que podamos descubrir o inventar auxiliados por la Madre Naturaleza.

Creo que desde la perspectiva de la física "debe" utilizarse tan extraordinaria ingeniería. Empero, a mi, siguen asaltándome los fantasmas de la preocupación, pues ya no es un secreto que el hombre va alterando la composición química de la atmósfera mediante la creación de nuevos inventos arrojándole millones de toneladas de gases que la asfixian, además de convertirla en un gigantesco basural, provocándole un sensible desnivel de sobrecalentamiento... Por eso hay científicos que no dudan en afirmar que la temperatura en el Globo Terrestre irá aumentando peligrosamente en el Siglo XXI que hemos iniciado con arrogante insolencia.

Y claros vaticinios han anunciado que las terribles tormentas acaecidas en 1999 cercenando vidas y que sólo en Francia consumió más de 200 millones de árboles, de repetirse, sin sombra de dudas, esas mismas tormentas serán responsables de próximos cambios climáticos provocando el desarrollo de nuevos y desconocidos males como terribles enfermedades por los miasmas de toneladas de substancias desechadas, sin contar las que habrán de escaparse a los controles de la industria del hombre.

Y no nos es desconocido que los ambientalistas hace tiempo están procurando pesticidas altamente dañinos para el hombre, matando insectos vitales en el desarrollo ecológico, aunque el buen propósito consiste en eliminar insectos a las siembras y frutos. Y yo, apreciado Lector, tengo un plan —"Un nuevo plan"— pero que no es el caso presentar aquí y ahora (tesis que he preparado para los estudios de la Universidad de los Pueblos de las Américas —de la que soy Vicerrector— razón por la cual obviaremos las explicaciones), puesto que debo insistir en las **bombas lanzadoras de agua**, quiero decir de potentes chorros de agua haciendo posible un barrido de la atmósfera de Santiago de Chile, imitando al Escarabajo de marras.

Una vez iniciado el proceso y viendo los beneficios del "cepillado y arrastre", se ha de fijar un horario nocturno, un calendario de tiempo alternativo para abrir las "válvulas – decantadoras"", esas propulsoras bocas arrojadoras de nuestro ingenioso invento del "Chorro-Bombardero". Pero además, preguntémonos ¿Qué resultados nos darían las TORRES LANZA AGUAS si esporádicamente el líquido elemento se expeliera a 100 grados centígrados de temperatura? Aunque me parece prudente sugerir no agregar ningún aditivo químico porque podríamos provocar reacciones químicas desconocidas haciendo que fuera peor el remedio que la enfermedad. Más bien, se deberá controlar las industrias y fábricas cuyas emulsiones deben ser absolutamente eliminadas, como que la otra parte de mi invento estará vinculada con el agro y su múltiple y complejo desarrollo que, sin dejar de ser en verdad científico proceda a simplificar sus métodos de reproducción.

Al respecto (y por su importancia acudo a exponer esta teoría en punto aparte) esto enfrentará una significativa parte de un "Programa" de estudios avanzados a lo que se ha de abocar irrestrictamente la Universidad de los Pueblos de las Américas por mi influencia como Vicerrector y lógico apoyo. Tal vez esto se constituya en otro de mis inventos (si le cabe o es adecuada esta palabra) y cuya filosofía expondré oportunamente en mi clase magistral con motivo de la inauguración de dicha Universidad.

Si bien es cierto, mi proyecto contempla "desintoxicar la atmósfera santiaguina" con evidente beneficio de la población actual y la que va naciéndose, obviamente alcanza al ECOSISTEMA donde otras vidas, desde las que moran bajo tierra y las de la superficie, afectando positivamente la vida salvajemente valiosa en ríos y mares donde fauna y flora son tan sensibles. Y lo que aquí pareciera afectar solamente al cielo de Santiago de Chile, un área relativamente pequeña como que solo pareciera un puntito en el Planeta, incidirá en beneficio inmediato de 700.000 hectáreas: la fauna salvaje de nuestras cordilleras y la doméstica, incluyendo corrales de ganados y corrales de aves que son alimento fácil de lograr por tenerle más a la mano, todo ser viviente en derredor será el beneficiario y el futuro tendrá la palabra para denunciar hasta dónde podrá llegar el fruto de esta "obra-proyecto" que pretendo oficie como un instrumento o herramienta ante la inminente necesidad de proteger la ecología y el ecosistema de nuestro pequeño y hermoso Planeta, por descabellada que parezca la idea para Santiago de Chile. Así también sucedió a mediados del Siglo XIX cuando se dispuso la "Construcción" de lo que hoy conocemos como el Mercado Central de Santiago de Chile y en el XX la construcción del tren metropolitano (y subterráneo) sin contar otras obras de suma importancia para la Nación Chilena, referencias que como historiador hago en "Historia del Mercado Central de Santiago de Chile" y otras aún inéditas y que tanto necesita el mundo.

Ya no dudo del valioso aporte de esta idea, pues de tal modo atacaremos el grave problema. Y preciso será también educar, creando nuevos hábitos como evitar el vertido de materiales nocivos sobre la tierra indiscriminadamente, pues ellos habrán de llegar a las aguas de ríos y mares, además de arrojarles desechos radiactivos, metales pesados, productos plásticos, gomas, neumáticos viejos o en desuso de los vehículos que los abandonan en cualquier lugar, o lisa y llanamente lanzándolos a las profundidades de la aguas, siendo estos letales para el hombre y toda especie animal... aunque siempre habremos de expresarnos en la inteligencia de la biodiversidad. Al respecto es preciso declarar que la industria ha producido la friolera de más de 100 mil productos químicos nuevos... ¿Y que hay de los subproductos...? Aunque todavía no hemos hablado de las aguas residuales que no reciben jamás un tratamiento.

Todo este maremagno, todo este conjunto de anormalidades que hacen relación con la conducta humana, tiene su incidencia en la llamada lluvia ácida y, consecuencialmente, en la escasez de agua limpia, pura, potable. Todos los sistemas que sostienen la vida están siendo atacados por toda esa nefasta contaminación.

Otro fenómeno conductual es la deforestación a que es sometida la naturaleza en ciertos lugares del mundo para expandir la urbanización en un ansia de construir para comerciar casas y apartamentos o condominios, otra elegante manera de producir aglomeraciones humanas. Entonces, la avaricia y el "negocio" no han trepidado en lanzar a los canales de riego que circundan las urbes, líquidos que van matando paulatinamente a los árboles por la raíz, trágico modo de ampliación de áreas donde construir más viviendas que produzcan millonarias ganancias ¡Qué asesinato brutal! Pero, paciencia: regresemos al tema objetivo de esta obra.

Obviamente, despejar la atmósfera santiaguina será tarea de la mayor importancia como colaboración con la preservación del "medio-ambiente", donde todos, sin excepción desde la mayor especie viviente al microscópico organismo, obtendremos el natural beneficio. Por lo tanto, es muy atendible cualquier iniciativa, cualquier sacrificio, sin escatimar peculio, esfuerzo y talento. Sabemos que el SMOG, la ausencia de lluvias, el recalentamiento global, están causando enormes daños a la tierra, como si estos males fueran una consecuencia de otros que desde los tiempos del Descubrimiento de América se han venido sucediendo y ello es porque jamás se ha detenido la civilización con el enorme bagaje de conocimientos, haciendo del hombre un instrumento de la evolución, cuando deberíamos nosotros hacer de la evolución un instrumento del hombre.

Así es cómo se fue alterando el orden de las cosas, pues la necesidad humana ha ido explotando inmisericorde las "fuentes de producción", llegando a la deforestación más peligrosa, como ya lo hemos expuesto, como que tal ha sucedido en el mar. Desde luego, lo que se hace sobre la tierra se podrá corregir, porque lo podemos ver, dimensionar y analizar; pero lo de los fondos marinos, no. A lo menos es mucho más difícil. Y a tanto ha llegado la explotación que nos permitimos repetir la siguiente cita: La Organización de las Naciones Unidas para la Agricultura y la Alimentación advirtió: "La situación es particularmente grave y peligrosa habida cuenta de que cerca del 75% de los recursos pesqueros del mundo ya están siendo plenamente explotados, sobre-explotados, ó simplemente agotados".

Por lo demás, se ha de exponer con énfasis que el pescado constituye la principal fuente de proteína animal para la población humana. Y es precisamente este alimento lo que está en peligro. Y como la vida marina se halla en determinadas áreas del mar llegaremos a la conclusión de que más allá habrá "desiertos oceánicos" (ausencia de vida) metafóricamente hablando. ¿Cómo no cuidar, entonces, costas, mares, arrecifes? Entonces, es preciso dar a conocer con insistencia que los nutrientes existentes ya sea en los fondos marinos, cerca de sus costas, o a flor de superficie, alimentan todo el fitoplancton, base fundamental de la alimentación del fabuloso mundo de los mares: ¡Cuidémoslo! Y sin duda, los mayores responsables de esta materia serán los gobiernos de cada país; pero siendo ellos los primeros accionistas ¿cómo evitar los pactos entre la industria, la explotación y el comercio con los gobiernos de turno? Cuanto argumento esgrimamos en pro de la regulación que promueva la VEDA que permita de tiempo en tiempo la recuperación de las especies que pacientemente se van reproduciendo tanto en tierra como bajo las aguas, serán de increíble utilidad, puesto que esa es una forma de ayudar a la conservación de las especies, permitiendo un mejor equilibrio de la vida. El SMOG que ha promovido el discurso de esta pluma ante tan seria problemática ofreciendo el análisis de una protección vital, debe regir las acciones llamándonos a la reflexión ante el cuidado que proponemos protegiendo lo que Dios ha puesto a nuestro servicio, pues ya mandó el Supremo Creador del Universo: "Te enseñorearás de todo lo existente sobre la tierra y bajo las aguas del mar". Pero: ¡Te enseñorearás…!" ¡No "te ensañarás"!

Empero, tornemos al comienzo. Una central centrífuga promueve dos acciones: una es del impulso, fuerza que la convierte en energía mediante la presión del mismo peso y volumen, en tanto la resistencia permitirá la desintegración gradual de la masa que ofrezca resistencia y que poco a poco irá siendo pulverizada y por lo tanto paulatinamente debilitada y que irá a diluirse para ser arrastrada por las fuerzas auxiliares de los vientos que promoverán los abanicos en retro-impulso originado por las mismas centrífugas que empujando el menor peso de los millones de gotitas desintegradas por la violenta colisión de las aguas barredoras que, decantadas, irán en profusas direcciones, en tanto el cepillado del sodio contra el $H2O$ en suspensión despejarán en círculo esa anormalidad atmosférica del espeso humo, permitiendo en lo sucesivo el libre curso de los vientos.

CAPITULO 3

¿Y QUE HAY DE LA LLUVIA ÁCIDA?

¿Y QUE HAY DE LA LLUVIA ACIDA?

Con respecto a la posibilidad del aumento de la "lluvia ácida" como consecuencia de la descarga del monóxido-carbónico debido al barrido atmosférico se aplicará severa observación, puesto que el análisis de los detritus de la tierra deberá ser constante y sistemático y sus resultados dirigidos automáticamente al Departamento respectivo. Evidentemente proseguiremos el rastreo y el curso de posibles contaminantes que puedan afectar diversas zonas.

No obstante, es de advertir que las fuerzas de la Naturaleza con sus inmutables leyes irán arrastrando por multitud de filtros naturales todo el depósito de sales e ingredientes que por causa de la filtración se irán decantando dejando un sedimento benéfico que, robusteciendo la tierra, hará prolíferas las regiones ayer amenazadas.

Otro factor benefactor será la constancia de nuevas lluvias por estar despejada la atmósfera antes obstruida. Los vientos Alisios (que son los vientos constantes que soplan de los trópicos hacia el ecuador, pero en dos posiciones: del NE en el Hemisferio Norte y del SE en el

Hemisferio Sur) Contra-alisios que vienen a chocar por el lado Este de la Cordillera de los Andes; por lo tanto, al ascender las gélidas regiones, en llegando a la cumbre habrán de descender las alturas por el lado Oeste; pero si las circunstancias no son propicias se mantendrán a una altura superior a la zona del Smog, como que también habrán de lograr las depresiones que ofrecen las colosales alturas por entre retorcida y fría roca permanentemente nevada. Luego, en ese recorrido el viento irá nutriéndose con los rayos solares y otros elementos en suspensión y todo en su conjunto será el nuevo alimento de la tierra como dispensario de mejor vida para el ave del cielo y la de corral; el animal salvaje, Pudú o Puma, conejo, rana, pez, vacuno, caballo, oveja y el hombre mismo.

Los campos sabrán recoger los beneficios de una ecología renovada y sus sembradíos serán mucho más prolíficos y de mejor calidad, ya que el aire puro en conjunto con el agua pura que baja de la cordillera harán el resto.

Y con respecto a las aguas servidas y contaminadas que penetran la tierra, tras 11 (once) metros escurridos entre rocas, piedras y tierra, como también materias calcáreas y otras sílices, se irán decantando hasta quedar purificadas. Y tanta es la generosidad de la Madre Tierra que se calcula que aguas albañales y contenidos de letrinas y pozos sépticos, a los 11 metros de recorrido por aquellos filtros ya están purificadas.

De estos ejemplos iremos coligiendo la importancia del deslave atmosférico, agregando, además, que la salud de los recién nacidos y la de los tristes y sufridos ancianos y personas con discapacidades físicas, obtendrán evidentes mejorías. Y a propósito, cierta estadística señalaba que el 10% de los recién nacidos venían al mundo con problemas respiratorios y a esta alarma se sumaba el hecho de que la mitad de la población infantil de 2 a 5 años sufría de males bronco pulmonares y asma. El número de los afectados por esta pandemia no se precisa en Chile, pero debemos estimarla de alto riesgo.

Una nueva cultura es imperiosa enseñando (o penalizando) a las embarazadas lo nocivo del cigarrillo y de la manera atroz como afecta al pequeñito que porta en su seno maternal, indicándosele con abnegada insistencia la importancia de su divina misión.

ALGO ACERCA DE LA TIERRA

Con el propósito de agilizar los estudios referentes al nacimiento de nuestro Planeta fue preciso dividir en etapas el tiempo transcurrido entre un hecho y otro, llegándose a calcular en 4.600 millones de años el nacimiento o formación de la tierra. Sin embargo, en honor a la verdad, es probable que jamás lleguemos a saber efectivamente cuándo se produjo el nacimiento del Planeta Tierra. Claro que se analiza diciendo que la tierra apareció así, de repente, en un espacio cósmico, en calidad de una supersónica bola de fuego formada por una vertiginosa masa de gases incandescentes. Luego, como consecuencia de las aterradoras presiones, además de la gravitación, las partículas cósmicas de las que se iba formando la tierra se calentaron hasta la incandescencia, siendo aún la materia que compone el núcleo interior de nuestro hermoso Planeta. Y es casi increíble considerar que la corteza terrestre quedó solidificada supuestamente 1.600 millones de años después de tanta convulsión de indescriptibles tormentas, esto es unos 3.000 millones de años.

También, debido a tan fantásticas presiones y calorías se fueron formando las piedras preciosas que no son otra cosa que minerales cristalizados, existiendo muchas clases de gemas preciosas, aunque es conveniente comunicar a nuestros lectores que solamente cuatro (4) son las más cotizadas en el comercio por su elevado precio y por su indiscutida estimación, a saber: Diamante – Esmeralda – Zafiro – Rubí. Pero la más preciada y preciosa de estas piedras es el "Diamante"; éste posee una solidez extraordinaria que lo transforma en el mineral más duro de la naturaleza. Y se dice que el diamante es muy atractivo en estado bruto. Al respecto se cuenta la siguiente anécdota: siendo el caso que en cierta ocasión le regalaron al Rey Eduardo VII de Inglaterra una piedra que vino a ser el mayor diamante que se haya encontrado en el mundo en estado natural y estimado en

¡3.106 quilates! Entonces comentan que el Rey al observar la piedra exclamó: si me lo hubiese encontrado en la calle le habría dado un puntapié como a cualquier pedazo de vidrio". Y como se dice que la paciencia es soberana, solamente cuando fue preciso se comenzó el proceso de su pulimento. Asscher, un famoso tallador holandés, tras detenido estudio y calificación, lo transformaría en cuatro (4) maravillosas piedras conocidas hoy como "Las Estrellas de Africa".

Nuestro Planeta Tierra no se formó por casualidad. Yo tengo la convicción de que fue el fruto de una Inteligencia Superior tan infinita que no puede haber cerebro humano capaz de vislumbrar ese inmenso poder. Aquella inteligencia colocó este Planeta a la distancia exacta de otros y a la distancia perfecta del Sol. Y su forma, sus dimensiones, su peso y su velocidad, están perfectamente regulados por una ciencia tan perfecta que si la tierra pesara un gramo más o un gramo menos de lo que pesa muy otra sería la gravedad y probablemente una enorme capacidad de nuestra atmosfera hubiera sido absorbida por otros planetas o simplemente hubiera escapado a desconocidos espacios siderales; como si nuestro Planeta fuera mayor, o más pesado, aunque se tratara de millonésimas partes, la gravitación podría haberse visto alterada permitiendo que los gases como el hidrógeno y el helio tardaran más en salir de la atmosfera y extraordinarias explicaciones pueden hallarse en Enviroments of Life (algo acerca o alrededor de la vida). Así también, si el nivel del Oxígeno se elevara solo un 1% serían desastrosos los incendios en ciudades y campos donde los árboles desaparecerían en proporciones catastróficas, como que se podría llegar a un sobrecalentamiento de la tierra solamente si se alterara y comenzara a ascender la proporción de dióxido de carbono que es esencial en lo que se denomina "gas de efecto invernadero".

Tanto debe ser el cuidado del hombre para la Tierra, que deberíamos estar más informados acerca de los elementos que nos hacen vivir y una cosa de extraordinario valor para nuestra vida es el Oxígeno, tanto que los átomos de oxígeno componen el 63% del peso de todos los organismos vivos de la tierra. Y una importantísima razón para cuidar nuestros cielos es el saber que el Oxígeno en las capas superiores de la Atmosfera protege las plantas y los animales de los rayos ultravioletas del Sol. Esta circunstancia es la que en otro lugar de esta obra hemos relatado, colocando como ejemplo del daño que pueden ocasionar los rayos ultravioletas y ello queda demostrado en Magallanes, la región más austral del mundo en donde termina la parte continental de Chile y por ello los hombres y el ganado ovino y bobino están quedando ciegos y en consecuencia muriendo por no saber encontrar su alimento. Y es preciso admitir que el Oxígeno reacciona con suma rapidez al contacto con otros elementos oxidándolos inexorablemente y buena prueba se demuestra en su contacto con el hierro. Y los estudios ya han demostrado que el Oxígeno tiene una proporción del 21% en la Atmosfera… ¿Y cómo será esto que se mantenga en tan exacta proporción?

Y existe una palabra muy en boga que es la "Fotosíntesis", pero que no todo el mundo la comprende debidamente. Y ello es que la fotosíntesis es un fenómeno asombroso mediante un proceso por el que la vegetación utiliza la luz solar para producir alimento, siendo el oxígeno un subproducto de tal proceso, del cual se liberan hacia la Atmosfera más de Mil Millones de Toneladas todos los días, ininterrumpidamente, eternamente… Y la Enciclopedia Británica os (alerta) enseña que si faltara la "fotosíntesis", se detendría el abastecimiento del ALIMENTO sobre la tierra y sin oxígeno este sería un Planeta **SILENTE**, un Planeta Muerto.

Como se puede apreciar, este Libro muestra moderadamente lo que la gente debe saber, aunque sea en apretada síntesis, porque existen libros especializados en dar a conocer tan extraordinaria ciencia, aclarando que todavía hay fases de la "Fotosíntesis" que la Ciencia no acaba de comprender; y nosotros solo podemos concluir exponiendo que la fotosíntesis es absolutamente imprescindible para producir alimento y para mantener el equilibrio del permanente ciclo del oxígeno, siendo que estos misterios hacen posible la vida, como que el cerebro humano requiere del Oxígeno para la subsistencia y normal desarrollo, siendo que se trata del elemento físico más complejo en todo el Universo, superando en belleza a todo cuanto existe: El plumaje de las aves, la sutil envoltura y colorido de las flores, siendo ejemplar la rosa, la conformación de los elementos bajo los mares, los corales, las algas y la multitud de diferentes animales vivientes que van desde la gigantesca Ballena Magallanica al más pequeñito de los seres vivos y hasta el fitoplasma, y todo el infinito sistema planctónico, base fundamental de alimentos para la infinita multitud de creaturas; y digo "creaturas" por considerarlas "Obra Creada", porque solamente una Mente Superior, es decir Dios, pudo hacer todas estas cosas. Yo humilde escritor tengo Fe en lo que digo, una Fe que cierto estoy comparten los mayores científicos del mundo, por escépticos que algunos sean y, muchas veces, por puro esnobismo.

El oxígeno, la atmósfera, el hidrógeno, todo está perfectamente correlacionado con las fuerzas estelares y no podemos prescindir de los elementos que forman nuestra existencia, como que esos elementos tampoco pueden prescindir del Sol, a cuya potencia obedecen las regulaciones de vida de nuestro Universo y entre otras cosas, que por lo regular no se comentan o publican; al Sol debemos también la formación de la Vitamina D que es de gravísima importancia en el desarrollo de nuestro organismo humano; la ausencia de este elemento en nuestro cuerpo produce malformaciones muy difíciles de controlar, tales el enanismo y otras razones fisiológicas que no es del caso relatar aquí. El Sol es la VIDA. Y cuando se habla del peligro de los rayos ultravioleta automáticamente debemos asociarlo a la rotura de la Capa de Ozono, como que en otro lugar de este libro lo anotamos; no obstante, me valgo nuevamente de este párrafo para insistir en que debemos observar la otra cara de la moneda, pues esos mismos rayos solares y otras fuerzas solares son los que a través de la piel nos introducen la famosa vitamina "D" que acabamos de invocar y que es tan necesaria para el normal desarrollo físico e intelectual de nuestras vidas.

Pues bien, el hecho de exponer en estas páginas el valor del oxígeno, del imperioso cuidado de nuestra atmósfera, el valor de la fotosíntesis en la producción de nuestro alimento, etc., etc., lleva implícito el valor de la conducta humana: Su Ética. Y es preciso advertir que la ética está en todas las normas que nos rigen, incluyendo su estudio en el ejercicio de las leyes y en el de la práctica médica; tanto es así que desde los lejanos tiempos anteriores a la Era Cristiana ya se dio a conocer el famoso poema que se llama El Juramento Hipocrático, que no es otra cosa que el gran compromiso ante la salud del ser humano y ante la recta aplicación del conocimiento que se pueda tener de las benéficas fuerzas que regulan nuestra existencia.

En consecuencia, colaborar con nuestro "Sistema" ecológico es colaborar con nuestra atmósfera y con cuanto nos rodea; como que no hacerlo por ignorancia o por indolencia es atentar contra la vida y eso tiene un solo calificativo: Crimen. Y es preciso reconocer que hay muchas maneras de cometer un crimen... ¡Aunque así no lo pareciera! Por lo tanto, que caigan los resultados de nuestra conducta en nuestra propia conciencia.

Y toda esta información no ha de quedar como simple literatura, sino movernos indefectiblemente a realizar TODO CUÁNTO ESTÉ A NUESTRO ALCANCE PARA LIMPIAR LA ATMÓSFERA DE SANTIAGO, la hermosa Capital de la República de Chile, mi añorada y lejana Patria a la que le estoy dedicando muchas otras páginas y obras completas que espero tener la posibilidad de dar a la luz antes de morir, porque los años me van alcanzando.

ALGO ACERCA DEL AGUA

Y respecto a la forma en que aparece el agua sobre la tierra se piensa que fue cuando las ondulaciones de la incipiente corteza terrestre   se producían en la más absoluta oscuridad. La temperatura debió haber sido tremenda… Colosal… ¡Atómica!

Pero, aunque no se conoce a ciencia cierta la duración

del tiempo de un cambio, se sospecha que hubo un violento enfriamiento, lo cual permitió el endurecimiento de las capas rocosas, en otra eternidad de cientos de miles de años. Desde luego, ya no se duda de que la temperatura seguiría siendo extraordinaria, lo cual redundaba en que la evaporación de una suerte de líquido acuoso semejante al vapor tratando de escapar con gran violencia por entre las resquebrajaduras de la corteza y las rocas interiores por cuyas grietas pasaría una enorme y espesa capa de nubes en tal abundancia y a tal extremo que todo el universo quedaría sumergido en la más absoluta oscuridad. Y si por efecto de la condensación se producía algo de lluvia, ésta no alcanzaba a llegar al suelo porque se evaporaba: ¡Tal sería esa descomunal temperatura!

Finalmente, pero tras millones de años, la corteza terrestre logra un aceptable enfriamiento, lo cual le permite tolerar no hervir al agua, o a lo que podríamos denominar "agua" que caía sobre ella. Sería el tiempo en que comienza a caer la lluvia propiamente tal. Grandes depresiones se llenarían de esa lluvia torrencial y caótica, propiciando, en consecuencia, se fuera despejando lenta, paulatinamente, el horizontes (advirtamos que este ejemplo viene a calzas en la tarea que motiva este trabajo) los cielos comenzarían a despejarse y la luz solar iría penetrando aquella densa oscuridad. Entonces, en medio de colosales movimientos se irían llenando de agua las enormes fosas que hoy constituyen nuestros mares. Pero, séame permitido entrar en otros abundamientos, pues aunque sea brevemente, esta es una ocasión propicia para informar sobre algunos puntos que no siempre traemos a colación, por lo tanto quedan sepultados en el olvido sinónimo de ignorancia.

Pues bien, el Agua, esto que en estas líneas hemos dado en llamar "Líquido Elemento", por la abundancia de propiedades que contiene es un verdadero regalo de vida de Dios nuestro Creador no solamente para el hombre, sino para toda la Naturaleza. Así lo vieron los hombres desde la más remota antigüedad y en los más apartados puntos de la tierra donde hubiera un ser humano. Los Griegos y los Egipcios, sin distinción de clases, empleaban métodos de compresas y grandes túnicas con agua fría que aplicaban a sus cuerpos para conservar la buena salud y apenas se calentaban las cambiaban por otras impregnadas de agua fría. Y este método era bien conocido inclusive en diferentes tribus africanas que hacían de ello un verdadero ritual. Y hasta en los pueblos más civilizados se practica la costumbre de aplicar compresas de agua fría como estimulante en zonas del cuerpo inflamadas o heridas, lo cual obliga al cuerpo a establecer el calor normal atrayendo a la piel el calor interior y acelerando el poder vital de la eliminación de toxinas, poniendo en acción todas nuestras defensas naturales.

El agua en la naturaleza circula en forma de lluvia, como en savia en el reino vegetal, así también leche y sangre. Y es curioso saber que no es igual la lluvia de los campos rica en ácidos y múltiples elementos (algunos benéficamente tóxicos) que la de las ciudades, tonificando y suavizando la piel. Y se ha de saber también que el agua de mar contribuye eficazmente a re-hidratar estimulando el organismo. Tal vez por eso es que la ciencia popular al aplicar compresas de salmuera, es decir agua común a la que se le agrega porciones de sal sirve para aplicarla sobre la piel mediante suaves fricciones para que ésta absorba los minerales necesarios. Y muy recomendables han sido los baños de agua salada, pero en un ambiente relajado y tranquilo con lo que el cuerpo se llena de beneficios y energía. Y luego viene la ducha. Un paño empapado de agua fría alternado con una ducha fría evita resfríos y dolencias musculares. Para desintoxicar de virus el cuerpo los naturalistas recomiendan envolverse con una sábana mojada en agua fría para bajar una fiebre intensa, como también en casos de una intoxicación: Una envoltura parcial entre el torso y las rodillas promueve la descongestión de los pulmones, hígado, riñones, corazón y en general el sistema digestivo.

Por otra parte, se dice que una envoltura desde la cintura hasta las ingles alivia los intestinos, bazo, vejiga y órganos genitales. Y para una persona que padece de nerviosismo es recomendable envolverla en una sábana mojada en agua fría desde la cabeza al nacimiento de los glúteos y en cuanto se calienta esa envoltura renovarla con paños empapados nuevamente en agua fría.

Y también desde la antigüedad se propala el beneficio de alternar agua fría y caliente en un baño, pues esto excita la circulación aportando mayor cantidad de oxígeno al cuerpo, es decir, estabiliza la cantidad de oxígeno que el cuerpo requiere. Y es de admitir que desde lejanos tiempos magos y médicos consideraban el agua como principal elemento de transformación, pues al evaporarse estaba sublimizando la vida para que retornara a la tierra en forma de lluvia cerrando e tal modo el ciclo eterno de la evolución y de la eterna juventud.

Como podemos apreciar del agua dependemos en las múltiples acciones de la vida y como un cuadro simbólico siempre estamos emergiendo de ella. Y se recomienda tomar varios vasos de agua por día porque un vaso de agua es salud. Además, un baño es una necesidad vital como ayuda sanitaria eliminando tanta célula muerta de nuestro organismo y activando de manera tan positiva el cuerpo humano: Esto que digo pude comprobarlo recientemente, pues habiéndome hospitalizado gravemente, tras varios días pude ir al baño casi arrastrando los pies (me sentí muy infeliz) allí, sentado en una silla especial dejé correr la ducha tibia y al comienzo con suaves movimientos fui frotando mi enflaquecido cuerpo… Cuando salí para dirigirme a mi lecho nuevamente, sentí renovadas energías y hasta pude caminar larga media hora por aquellos pasillos del generoso hospital. Y me pareció que hasta esos olores que despedía mi cuerpo humano iban desapareciendo, pese a la anormalidad de mi estado físico. Hoy repito, el AGUA ES UN REGALO DE DIOS Y DE LA NATURALEZA.

ALGO ACERCA DE LOS VIENTOS

Y…en un comienzo Dios hizo la tierra, o tal vez amasó con poderosa mano un montón de cosas que se hicieron roca, fuego, tierra y la oscuridad era completa y no palpitaba la vida y la energía estaba allí, sin cielos, sin orillas ni bordes, sin nada… ¡Todo habrá sido tremendo… tremendo!

Y comenzó a amasar, a amasar, amasar y de esto unos 4.600.000,000 años y vaya a saber Usted si no fueron miles de millones de años más… Y esa oscuridad que debió haber sido absoluta, tremebunda, que no cabe en nuestro pequeño cerebro… ¡Dios mío! Y luego los vientos ¿Y serían vientos…? ¿Y de qué intensidad…? ¿Y por cuánto tiempo…? ¡Oh, Dios mío!

Los vientos, a no dudar huracanados en un comienzo, jugarían un rol de extraordinaria importancia "Decantando" esas enormes y pesadas "Nubes" y despejando los cielos que gradualmente cruzarían barriendo millones y millones de partículas de infinidad de desconocidas materias. Y ya despejado ese ambiente, poco a poco se produciría el nacimiento de la vida en sus diferentes estados y en la forma colosal que convenía a cada especie. (¿No avalan estos conocimientos mis asertos respecto a la tarea que me exalta?)

Hemos de comprender, entonces, la transformación de todas las cosas por efectos climáticos, hasta que la misma tierra comienza a ser fértil. Toda esta experiencia nos conduce a saber que las fuentes de la vida guardan estrecha relación con la estructura divinal de nuestro Planeta, siendo el medio-ambiente su principal auxiliar.

Ahora bien, cuando el aire comienza a ser húmedo conlleva substancias químicas capaces de fijarse incluso sobre las rocas de la más dura y estéril consistencia y esas substancias invisibles van produciendo diversas reacciones y con tanta fuerza que llegan a alterar la propia constitución de la durísima roca.

En realidad, para entender por qué la tierra es fértil, se necesita comprender la utilidad del aire que, como vamos señalando, es portador de grandes contenidos químicos, muchos desconocidos aún para la ciencia.

Los asuntos cosmogónicos, sin duda muy atractivos para quienes procuran sustraer misterios al misterio, para los estudiosos de las leyes físicas, para los que buscan adentrarse en el tiempo de los tiempos con la paciencia elemental del científico cuya vocación le lleva inclaudicablemente por los laberintos que nos proporcionen nuevos datos acerca de la formación de la materia, la formación de nuestro mundo, de nuestro pequeño y maravilloso Planeta Tierra, habrán de tropezar con lo insondable y aunque los cálculos de las más sofisticadas matemáticas se adentren y adentren en la búsqueda de la física numerológica, solo obtendrán el pálido consuelo de haber intentado lo imposible, aunque lo posible, ventana del ensueño, no tiene límites... La cruda realidad es que todo esto tan hermoso el hombre lo va destruyendo poco a poco con el extraño poder de su asombrosa inteligencia. Y quienes nos alarmamos por tanta incuria, creemos un deber recordar al Hombre que solamente es eso: Hombre... y que será preciso no olvidar que todo cuanto nos rodea es algo prestado por lo tanto, la más elemental decencia nos obliga al buen comportamiento con la Madre Naturaleza.

Estas frases que parecen alejarme del tenor de esta Obra a mi me parecen coadyuvar en la materia que exponemos, ya que proponernos limpiar una partecita aunque pequeña de nuestro Planeta se constituyen por sí sola en una encomiable tarea y para llegar a nuestro objetivo vamos paso a paso tocando diferentes aspectos de **nuestra casa habitacional** que demanda del permanente aseo… y aunque parezca infantil, me tomaré la licencia de invocar un lisonjero adagio: ¡Si no ayuda a limpiar, no ayude a ensuciar! Como que está aquel otro que reza que ¡Si cada cual limpiara el frontis de su propia casa el mundo brillaría como una patena de oro! Pero como la Naturaleza nos ha rodeado de fuerzas benefactoras debemos aprovecharlas estudiando su forma de ser, su estado, sus cualidades, su comportamiento. Y en ello estamos ahora para analizar los diferentes aspectos físicos de una física eternamente en acción. Y hemos iniciado este capítulo escudriñando ALGO ACERCA DE LOS VIENTOS, materias que vamos anexando a nuestras propias experiencias.

Recuerdo que en mi niñez un grupo de chiquillos nos íbamos a bañar a un río que bordeaba mi pueblo; yo, curioso al parecer más que otros, solía sacar del fondo del río, tras bucear con imprudente audacia, alguna piedra que me parecía brillaba allá en el fondo verde oscuro de las aguas. Al poco rato la piedra se secaba y ya no me parecía tanta la fascinación; entonces procedía a golpearla con otra hasta partirla y ahí me esperaría otra sorpresa: en su interior se mostraban varias hileras de colores más o menos cafés y en filas superpuestas… me iba al fondo del río otra vez y repetía mi hazaña, obteniendo el mismo resultado, cierta vez guardé entre mis ropas una piedra partida y al día siguiente le explique a mi profesor lo que observara ayer, el cual me respondió entre risas: Mire niñito, son así las piedras y esas piedras no tienen ningún valor… pero usted hace muy mal en arriesgar su vida en esas aguas… usted puede quedar atrapado entre las raíces del fondo del río, ó se lo puede llevar un golpe de corriente... ¿Ha pensado en el dolor de sus padres si se lo tragara el río? Bueno, aunque casi todos los veranos me iba a bañar al Río Bureo, no volví a repetir mi hazaña.   Pero, andando el tiempo y ya estudiante en Humanidades, vine a saber algo más acerca del misterio de las piedras partidas, su color, sus líneas y así he seguido pensando hasta este momento en que, ya viejo y canoso, escribo estas líneas... ¡Son así las piedras! Pobre profesor... Hoy comprendo la importancia del aire que las hace "respirar" o "trasudar" y que son sus componentes químicos los que adheridos a esa pobre piedra podrían enriquecerla con la vida.

Descontada mi infantil experiencia, debemos admitir que los experimentos son tan sencillos como que al partir cualquier piedra extraída de las orillas y el fondo de un río y hurgar en su interior, podremos advertir un aspecto muy diferente al de su exterior. Se desprende, entonces, que aquí ha entrado en juego no solo la acción pulidora del agua, sino toda su composición química.

Tal es la importancia de este suceso que el aire irá dejando un depósito de óxido sobre las piedras o rocas, produciendo modificaciones cuyos resultados serán la formación del suelo vegetal imprescindible para el desarrollo, formación y crecimiento de las plantas.

Sin embargo, el proceso de pulimento y segregación en diminutas e infinitas partículas de roca no es suficiente en la preparación y disposición de la materia que pudiéramos denominar "suelo útil", ya que esa mezcla de óxido y otros elementos apenas permite el desarrollo de ciertos líquenes sobre lo que se ha dado en llamar "Suelo Virgen". Ahora bien, el suelo se irá haciendo fértil con la muerte de aquellos líquenes, o la muerte de las posibles plantas allí nacidas, a las que llamaremos "Plantas Pioneras", lo cual producirá una suerte de légamo. Esas diminutas plantas pioneras muriendo se pudren produciendo otras substancias orgánicas que enriquecerán los suelos. El este lentísimo proceso el "Humus", ese imprescindible elemento que unido a la descomposición de residuos vegetales y a la vez animales, si es que se puede llamar animales a esos elementales vestigios de vida animal que de organismos muy pequeños fueron mutando a lo que posteriormente fuera conocido como para calificársele dentro de las diferentes especies y familias estereotipadas, darán como resultado la llamada "Tierra Negra, la cual a su vez irá aportando nuevos elementos químicos a la creación y fertilidad del suelo.

En tan apretada síntesis hemos intentado dar a conocer la forma y utilidad de la fuerza del viento y fue así cómo hace miles de millones de años fue contribuyendo a la formación de la tierra, así también le prestaría a ella en el proceso de marras el cuidado de limpieza respectiva mediante el arrastre de las materias tóxicas suspendidas entre el cielo y la tierra. "Esto mismo es lo que atañe al complejo fenómeno que promueve la intencionalidad de esta pluma, sobre el límpido cielo de Santiago de Chile.

Por lo expuesto concluiremos que aquella masa gris, de enfermizo plúmbico, cargada de substancias oleaginosas y nocivas, que hacen irrespirable el aire de Santiago de Chile, **sólo podrá ser barrida por el agua, como una**

semblanza audaz y preterida del pasado, de potentes chorros que se estrellen contra ella con la fuerza diluvial de aquellas edades cuaternarias de la prehistoria perdidas en el tiempo inmemorial. El impulso de esos poderosos chorros de agua provocará fuertes corrientes de aire, permitiendo que en la medida en que se vaya despejando el ambiente, un viento renovado recorrerá nuestros cielos manteniéndolos aseados y despejados, en consecuencia respirables.

Esa lluvia con sus propios químicos absorbiendo lo que contiene el "Smog" irá depositándose muy disgregada en diversos y lejanos lugares, sin dañar los suelos donde repose, muy por lo contrario, los beneficiará. La naturaleza posee una fuerza creadora y regeneradora extraordinaria **y su renovación en este ciclo "Aire – Lluvia – Tierra** – hará el milagro de un nuevo despertar en primaveras. Por lo tanto, hablemos del aire ahora.

ALGO SOBRE EL AIRE

¿Qué es el aire? - ¿qué es la presión atmosférica? - ¿qué es el viento? Entre aire y viento creo distinguir una diferencia. El "aire" es un soplo generalmente suave, lento, leve y sutil, a las veces imperceptible, tanto que en las tardes de verano, por ejemplo, es tan grato y placentero dormir una siesta bajo la fronda de un árbol en pleno campo: El aire, o lo mismo "la brisa", será tan tenue como una pluma ligera que roza el rostro.

El viento, algo más fuerte, tiende a cambiar su

intensidad inesperadamente; su poder puede llegar al huracanado, como que simplemente castigar con inusitada violencia en un espacio de tiempo tan intempestivo, como que puede reducirse casi al momento.

Pero es preciso saber que todo lo que llamamos "Viento" es lo que compone la atmósfera y como este elemento abarca toda la tierra, es preciso (también) dar a conocer que esa es la "Presión Atmosférica". Y, atención, el viento es más pesado en las zonas frías, moviéndose desde esas regiones a las zonas más cálidas, substituyendo de tal modo al "aire" más liviano como empujándolo y por tal razón el aire liviano de las zonas cálidas tiende a subir. Ahora bien, los meteorólogos al viento cálido lo llaman "De baja Presión".

DEDUCCION

El viento es una fuerza de desplazamiento horizontal de aire de una zona de "Alta Presión", a otra de "Baja Presión" y viceversa. Entonces los vientos serán más o menos fuertes según sea la magnitud de la diferencia de presión entre dos puntos. Además, debemos calificar a los vientos en tres dimensiones:

VIENTOS

Regulares constantes

VIENTOS

Periódicos

VIENTOS

Irregulares

Los primeros = Regulares = siempre soplarán, es decir viajarán, en una sola dirección durante todo el año: Se los llama "Alisios".

Los segundos, o sea los "Periódicos", soplan en una dirección en cierta época del año y en otra cambian de dirección: en esta situación se hallan los "monzones" y las "brisas".

Los vientos "Irregulares" son aquellos causados por condiciones particulares en determinados lugares, siendo tal el caso de los vientos denominados "Mistral" y los "Ciclones" (nótese que esta palabra procede del concepto "Ciclo").

Sin embargo, debemos recurrir a las Enciclopedias, puesto que en ellas se ha volcado la sapiencia humana y en parte de la Gran Enciclopedia RIALP encontramos la siguiente definición: VIENTO = Aire en movimiento relativo con respecto a la superficie terrestre, con cualquier dirección o velocidad. La dirección se refiere al punto del horizonte de donde viene el aire. Puede darse mediante las 32 direcciones que establece la Rosa de los Vientos, mediante grados geográficos, dando a entender que esta es la manera más normal o corriente de apreciar el conocimiento de esa dirección y volumen, pues también contamos con los grados magnéticos, elementos que la ciencia ha puesto bajo el control de los hombres, los cuales en la actualidad son proporcionados por las Torres de Control de los Aeropuertos.

Empero, considerando que todas las ciencias son prácticamente correlativas, pues de una se va a otra siempre estableciendo los parámetros que otorguen cierta identidad al motivo que causa tal estudio, hemos de admitir que la Aeronáutica, siendo una materia de tan reciente data, ha revolucionado el conocimiento universal, pues en prácticamente UN SIGLO de existencia ha catapultado al hombre al espacio sideral en sofisticadas naos, en tanto las mismas ciencias acrecientan el poder de la masa encefálica del hombre que desafiando tiempo —espacio— gravedad logra sus hazañas con sin igual prodigio, por lo que a fuer de Perogrullo repetimos que ha sido el conocimiento y nada más que el conocimiento el que lo va impulsando, no solamente a las lejanas galaxias, sino a las alturas de diversas ciencias, a las alturas del poder de la mente, a las alturas del poder de la voluntad, de la mecánica, la física y la fe, sin considerar el dominio del espacio – tiempo – velocidad y, a mayor abundamiento, el dominio de la gravedad. Los aeropuertos tienen sus Torres de Comando y los expertos demuestran tal eficiencia que el espacio les resulta como una cancha de tenis donde el "individuo – objeto" se desplaza en cualquier dirección sin dificultad, solo sometido a sus propios reglamentos. Esto lo llamamos Navegación Aérea. Pero se ha de considerar que la NAVEGACION MÁS ANTIGUA es la realizada al través de los mares, porque el hombre ha necesitado del hombre y en la permanente búsqueda por miles de años y desde la más remota antigüedad, empleando métodos e instrumentos desde los más rudimentarios hasta los más sofisticados en la actualidad, su espíritu viajero ha ido analizando, descubriendo y alimentándose en una increíble fuente de experiencias y locas fantasías.

Realmente los viejos navegantes merecen el eterno reconocimiento de toda la humanidad, como que los nuevos navegantes, premunidos de instrumentales de la más asombrosa perfección, van acaso dominando el tiempo… ¡Oh, el tiempo… el tiempo… la paciencia de Dios!

Válido el paréntesis, volvamos al canto en que lo hemos dejado, sin olvidar que estos pequeños detalles, como en el pasado han hecho grandes a los hombres y en la exploración de cuánto nos rodea está el cordón umbilical del conocimiento filosófico y la expansión ilimitada de la ciencia. Otra cosa muy importante es la "velocidad", esa mayor o menor rapidez en el desplazamiento de los elementos.

La velocidad suele medirse en metros/segundo, kilómetros/hora, aunque es mucho más frecuente que los meteorólogos hagan pública la información diaria empleando la palabra NUDO, lo cual significará que el viento se está desplazando en determinada dirección a tantos nudos… (1 nudo = 1 milla náutica por hora… Y se ha de considerar que una milla náutica es una medida marina internacionalmente y registrada en la Casa de Pesas y Medidas de París como una longitud de 1852 metros).

El noticiario que diariamente nos entrega este informe es de suma importancia para los efectos estadísticos del recorrido del viento. Tal estadística también podría ser mensual (y tal vez lo sea en las estadísticas internas de la profesión), pero lo más importante es que la información se da en kilómetros, debido a que, como ya lo expresáramos, corresponde a esa medida establecida universalmente y en todos los idiomas del mundo y con todas sus simbologías, por lo que NUDO jamás dejará de ser la medida náutica del dominio específico profesional y que no debe ignorar quien se esmere en travesías o aventuras sobre las procelosas aguas de la mar.

Y para no entrar en abundamientos, concluiremos con una referencia que hace relación con el uso corriente de la denominada Escala Beaufort que va del 0 a los 12 grados y considerados de la manera siguiente:

0 - Calma

1 - Ventolina: de 1 a 3 nudos

2 - Flojito: de 4 a 6 nudos

3 - Flojo: de 7 a 10 nudos

4 - Bonancible moderado: de 11 a 16 nudos

5 - Fresquito: de 17 a 21 nudos

6 - Fresco: de 22 a 27 nudos

7 - Frescachón: de 28 a 33 nudos

8 - Duro: de 34 a 40 nudos

9 - Muy duro: de 41 a 47 nudos

10 - Temporal: de 48 a 55 nudos

11 - Borrasca: de 56 a 63 nudos

12 - Huracán: Más de 63 nudos

El pálido consuelo que nos otorga la Madre Naturaleza es que a partir de la fuerza grado 9 rara vez se presenta en la tierra, pues sus fuerzas devastadoras serían impredecibles. Y en llegando a este punto, solo nos resta (por ahora) repetir lo que ya hemos acotado más arriba: El VIENTO se produce por las diferencias de presión atmosférica, pues el aire se mueve normalmente de las altas presiones a las bajas, siendo desviado debido a la rotación de la Tierra, y por efecto de la fuerza centrífuga, siendo profundamente afectado por el rozamiento, bien puede ser por el terreno mismo, ó por las masas contiguas de aire y de su diferente densidad.

CAPITULO 4

EL HOMBRE, LA CIENCIA Y LA TÉCNICA

EL HOMBRE, LA CIENCIA Y LA TÉCNICA

En mi opinión estos tres conceptos son una expresión simultánea en el inmenso misterio de la vida. Este es un fenómeno, la vida, casi inexplicable; la "Vida" ha de considerarse siempre, siempre, como un "Don – Sagrado", pues la da con generosidad el Dios de todo lo creado Pero esta vida podría sufrir una catarsis en realidad muy difícil de imaginar si por nuestra causa se enfermara la atmósfera y no nos proveyera del líquido elemento. En consecuencia es fácil prever el resultado contrario. Buena provisión de agua es buena salud: esto significa erradicar enfermedades como, por citar algunas, disenterías, hemorragias repentinas, diarreas, etc.

¿Cómo podremos ofrecer nuestra cuota de alivio a la Naturaleza? Obviamente, permitiendo que se formen nubes que logren depositar el caudal de la lluvia sin el serio impedimento que nos preocupa en este trabajo: El Smog. Esta horrenda capa sobre Santiago de Chile distancia la periodicidad de las lluvias. ¡Quitemos el Smog! ¡Quitémoslo de allí! Limpiar una zona determinada es limpiar todo el orbe, pues apoyaremos el benévolo principio del aseo atmosférico en muchos otros lugares; el Globo Terrestre es pequeño, por lo tanto esta contaminación nos demuestra que todo el mundo está muy contaminado.

Hay sectores en el mundo que carecen absolutamente de agua, como que hay otros en situación muy diferente, es decir, muy privilegiada: Tal es el caso de la República de Chile, al sur del mundo existe esa larga y angosta faja de tierra con una longitud de 4.200 kilómetros, aunque se debe considerar lo que va más allá de la franja continental, de modo hasta llegar a la Antártica, de cuyo territorio 2.000.000 que kilómetros cuadrados pertenecen a la Soberanía Nacional de Chile, con todas sus aguas y mares adyacentes, es fácil suponer que se supera los 5.000 kilómetros, y en una superficie de 741, 767 Kilómetros cuadrados se legisla con gran cautela sobre la Soberanía de las aguas, considerándose que el 98% de la población posee suficiente agua para todo menester y el agro se abastece con un promedio del 95% de aguas muy saludables, pues existen dos fuentes muy determinantes: Por el Este el imponente cordón montañoso de Los Andes, cuyas nieves eternas son un valioso recurso de provisión de agua dulce, pura, procedente de los constantes deshielos. Y por el lado Oeste se cuenta con el inmenso Océanos Pacífico, donde la "evaporación es, diríamos, normal. Pero el recorrido de las nubes debe ser asegurado por un buen mantenimiento de nuestra atmósfera.

He aquí otra razón muy poderosa para solucionar con la mayor urgencia el gravísimo problema que esta pluma se ha esforzado en retratar proponiendo la solución en cuyo mecanismo estamos imitando a la Madre Naturaleza, como lo que ocurriera en la evolución de la luz sobre las sombras que la obstruyeran. Luego entonces, el empleo del agua de mar y el del agua dulce o liviana, con la mecánica de mi invención ha de ser puesto en marcha sin sombra de dudas.

LO DE LA INGENIERIA

Con la prudencia que debe caracterizarnos, sobre todo ante lo desconocido, deberemos instruirnos y para ello está la fuente de información que es el Libro. Yo recurrí a las bibliotecas y a riesgo de caer en la absoluta inopia, dada la cantidad de tiempo que se precisa para la investigación literaria, como que aquí eso es un lujo, pues en Los EEUU. El tiempo no existe, solo existe la palabra TRABAJO porque aquí se vive para el trabajo y no se trabaja para vivir. Algún día tocaremos el tema y para ello habrá que destinar otras páginas dentro de la severa prolepsis de la historia, porque la Historia la hacemos los hombres consultando el Sino que algún diga que nuestras acciones pasadas son hoy Historia.

Pues bien, me he comprometido conmigo mismo y en mi auxilio ha acudido la Gran Enciclopedia RIALP de la cual tomamos algunas páginas que hablan exclusivamente de las Válvulas a las que en otros renglones estoy haciendo referencias. Es preciso reconocer para este Proyecto la aplicación más formal y experimentada de la Ingeniería Hidráulica, puesto que las Válvulas que vamos a emplear serán de dos naturalezas: Mecánicas y Electrónicas. Las primeras serán las de nuestra mayor dedicación y las segundas servirán de apoyo para utilizar la fuerza eléctrica que sea necesaria.

Lo siguiente es el estudio acerca de las Válvulas fotocopiado directamente de la Enciclopedia de marras, ya que en ellas podrán basarse los trabajos a realizarse y que deberán culminar en tiempo record:

I - Válvulas mecánicas   II - Válvulas electrónicas

1 - Válvulas de gas   2 - Válvulas de vacío

Este será mi aporte al bicentenario de nuestra Independencia Nacional. Esa mecánica ya ha quedado expuesta.

En esta página comienzan las fotocopias del estudio de las válvulas con sus respectivas ilustraciones, trabajo a realizarse en calidad de simple ejemplo, aunque antepondremos algunas otras explicaciones científicas de carácter general.

¿QUÉ ES EL AGUA?

Sabido es que se trata de un elemento compuesto de hidrógeno y oxígeno –H2O- una partícula de hidrógeno por dos de oxígeno. ¿Y dónde se concentra? En los vastos océanos que rodean el mundo. Pero existe un inconveniente… ¿Inconveniente? Pues, veamos.

Los mares son salados y la mayor concentración de sal la encontramos en el conocido Mar Muerto, el cual se halla en el lugar más bajo de la tierra; y como si fuera un pozo gigantesco, el agua allí concentrada solo puede salir por evaporación.

Empero, bueno es reconocer que la sal es un elemento que opera el milagro del equilibrio de la Naturaleza, pues si la sal se escurriera totalmente de su cause, los mares sufrirían un espantoso y descomunal peligro.

No en vano los científicos experimentan seria alarma cuando dicen que una gran cantidad de dióxido carbónico" está lanzando el hombre a la atmósfera, el cual irá siendo depositado en los océanos donde el contacto con el agua produce otras reacciones, transformándose en "ácido carbónico. De esto deducimos que debido a la indiferencia (o ignorancia) el hombre podría estar aumentando la acidez de las aguas de todos los mares del mundo. Y aunque no se conoce cabalmente acerca de este comportamiento, bien se ha de tomar en cuenta que es preciso no descontrolar la estabilidad química de los mares. En ello descubrimos la insondable sabiduría del Creador Santísimo del Universo.

Empero, se ha demostrado científicamente que las partículas contaminadas que pasan del aire a las nubes dificultan la precipitación de las lluvias sobre la tierra seca; aunque, por lo contrario, **se observa que es mucho más fácil que sobre los mares las nubes contaminadas se diluyan seguramente por un proceso natural de condensación de las sales marinas que al flotar en el aire se unirán a gotitas más débiles o pequeñas, formando de ese modo unas gotas de mayor volumen, por lo tanto más pesadas; de ese modo se producirá una lluvia que, por supuesto, irá despejando a la atmósfera: Estaremos barriendo las capas superiores de la atmósfera, lográndose el objetivo de la higiene ambie**ntal... ¡Vive el ecosistema!

En consecuencia, analizadas estas consideraciones y convencido de la eficacia de este mecanismo natural, creo que no debemos desaprovechar el ejemplo exponiendo una solución similar al severo problema del SMOG que por cien años viene atacando y desafiando la resistencia de una población constituida por millones de seres humanos.

A sólo 100 ó 200 metros de altura se cierne visiblemente sobre nuestras cabezas una atmósfera enrarecida en esa bella capital, como si los días tuvieran que ser persistentemente grises, aun en aquellos en que más arriba brille la transparente claridad del esplendente sol: esto lo he podido comprobar desde los cielos, pues a tal efecto tuve el honor de haber sido invitado a volar (y de esto hace alrededor de 40 años) ¡Ah, qué extraña sensación el estarse allí, como suspendido entre el cielo y la tierra escuchando el ruido como leve y lejano de los motores del avión!

En esos momentos no sabía qué admirar más, si la maravillosa máquina en que volaba, o la espeluznante idea de saberme viviendo allí, abajo, bajo una capa irrespirable… bajando a tierra sentí como si comenzara a vivir nuevamente un largo y triste día invernal, o una horrorosa pesadilla… Y al volver a caminar por entre aquellas callecitas coloniales aledañas al romántico cerrito Santa Lucía, o por Mac-Iver, o la San Antonio y observar desde la acera del frente la imponente estructura del Museo Nacional y ver sus recios muros de un cemento gris como impregnado de un polvo pegajoso, una angustia aprehendía mi alma… en esos momentos mi obsesión era el hallar una idea que me permitiera limpiar aquel pedazo de cielo de mi Patria, de mi Chile, de un Chile que tal vez no me quisiera, o que tal vez esperara tanto de mi porque me quisiera. Creo que es entonces que aparece aquel extraño sentimiento que llamamos "patriotismo", cuando uno piensa "cómo hacer algo importante por la Patria", pero cómo, también, te comienza a consumir por dentro una suerte de impotencia… entonces te dices a ti mismo: ¡Algún día!… ¡Algún día…!

Envuelto en esos pensamientos me fui a dormir. Todo el resto del día había caminado sin rumbo. En mi pequeña casa, dos pequeñuelos me esperaban ya dormidos. Su madre me recibe sonriente y amable. Muy temprano, al día siguiente, nos levantamos todos y mientras la mamá Isabel preparaba el cafecito calientito y un frugal desayuno y los niños –Varita y don Felipe- revisaban sus cuadernos de la escuela, breves, lacónicos comentarios

acerca de lo "pegajosas" que parecen algunas mañanas…
y luego avanza el día, como si una primavera tímida
pugnara por darnos calorcillo… ¡y sol! Y cuando el día
es iluminado de sol, pareciera que hasta el carácter de la
gente fuera diferente y como si se destacara mucho más
cercana la imponente cordillera De Los Andes que frente
a Santiago de Chile eleva sus picos orlados de blanca y
eterna nieve, en tanto sus picachos juguetean sobre el
empíreo celeste que titila en una inmensa, en una
inconmensurable bóveda azul que se lanza a lo infinito:
¡Qué belleza!

¿Pero qué es lo que hace que la ciudad parezca un
pesado manto gris, de un color indefinido y casi frío? Es
la influencia de millones y millones de gotitas
contaminantes que saturan tanto el aire como la tierra
seca. Sin embargo, nada más que ausentarnos hacia los
malecones de Valparaíso, ó simplemente llegarnos a las
balaustradas que cortan las costaneras del Océano
Pacífico sobre la hermosa y modesta playa de Cartagena
a 120 kilómetros de distancia y mar, cielo y tierra y
boques son tan diferentes, claros, definidos, puros, de
alegre verdor y lontananza de azul diafanidad. Y, cosa de
admirar, fácil es observar que cuando las nubes están
sobre "la mar océana" sin dificultad caen sobre ella cual
buena lluvia.

Entonces otra vez me asaltan las ideas y viejas lecturas
ocurren mi mente y me detengo en el viejo pensamiento:
Si las nubes contaminadas se convierten en lluvia es
porque el aire impulsa gran volumen de salpicaduras de
agua salada de la mar.

Luego, el fenómeno está en que las gotitas de agua que se forman sobre las gotitas contaminantes son más pequeñas, obviamente más livianas y que por mantenerse flotantes sobre aquella capa oleaginosa, impulsadas por el viento se alejan, privando de ese modo que se forme la lluvia. Luego, esta cadena de partículas aéreas de sal de los mares acusa la condensación de las nubes oceánicas, las que al fusionarse y atraer sobre sí muchas gotitas mucho más pequeñas todavía, **van a formar otras de mayor volumen y por lo tanto más pesadas que precipitándose a tierra producirán la lluvia; y a mayor abundamiento, todo este fenómeno unido a los vientos que traerá consigo, habrá de transformarse en poderoso motor de arrastre que en constante vaivén irá limpiando la atmósfera, siendo éste y no otro el objetivo de mi estudio, pues esa especie de cepillo irá limpiando la atmósfera barriéndola.**

La consecuencia será que una vez que la atmósfera esté liberada de tal contaminación, es decir, liberada de los residuos contaminantes, las nubes se desplazarán con mayor expedición y por lo tanto el proceso de limpieza de la atmósfera será mucho más fácil y permanente. Sin embargo, otra manera de colaborar con este proceso natural será un estricto control del movimiento vehicular portador del monóxido carbónico tan letal como el de las chimeneas industriales, o como las gruesas bocanadas de humo negro de las locomotoras de los ferrocarriles que aún son accionadas con el consumo de carbón de piedra.

Creo (y ahora lo pienso mejor) que de este modo habremos colaborado con la gran tarea de la Naturaleza, la cual como agradecida, nos proporcionará lluvias más regulares y un agua generosa, limpia y nutriente.

Pero nos quedaría el argumento de si las sales que logren caer sobre la tierra la afectarían con su carga de materias contaminantes. Pues bien, diremos que esas sales no afectarán negativamente al caer sobre la tierra seca, pues la sabia naturaleza las absorberá para llevarlas por infinitos conductos subterráneos otra vez al mar, último fin y postrer depósito, como que también serán una fuente creadora de otras sales que logren mantener el equilibrio oceánico y la sobre-vivencia de la ecología y normal desarrollo de la multitud de vidas que pueblan las aguas marinas. La vida seguirá su curso y la Sabiduría Divina concederá una reacción con que se alimente la eterna evolución de un nuevo y permanente renacerse.

La ciencia considera que el dióxido carbónico que está lanzando amenazadoramente la actividad humana sobre la atmósfera víctima de las grandes chimeneas, de los aerosoles, el combustible de millones y millones de diversos vehículos, los residuos de la fabricación de poliuretano, las bolsas plásticas, el humo por la tala de extensos bosques, los incendios de enormes cargueros de petróleo, en fin, gases y emanaciones de infinita variedad que ha creado la inteligencia humana, inexorablemente irá a depositarse sobre los mares, formándose allí el "ácido – carbónico". Entonces seremos nosotros los seres humanos quienes conscientemente estaremos contribuyendo al deterioro de nuestro propio mundo, en la medida en que contribuyamos a aumentar "la acidez de los mares".

¿Cómo no preocuparnos, entonces? ¿Cómo no intentar colocar nuestro granito de arena a la ciencia que mediante la técnica que proponemos pueda CONCURSAR AL ALIVIO DE LA ATMOSFERA del Gran SANTIAGO? Otras partes del mundo, México entre ellas, tal vez pudieran beneficiarse implantando el método que propongo. Pero antes de enfocar severamente el "Proyecto" de deslave de la atmósfera de Santiago de Chile, es un deber argüir que la sal contiene muchos y benéficos elementos constitutivos del correcto mantenimiento de la vida. Y ellos son:

Sodio

Sulfato

Magnesio

Calcio

Potasio

Bicarbonato

Bromuro

Además de tres importantísimos elementos químicos que son: Estroncio - Bromuro - Borato.

No obstante cabría agregar muchos otros formados de manera natural por las diferentes reacciones químicas de (probablemente) aún desconocidos elementos.

Y prosiguiendo el tema, válido es preguntarse ¿por qué se acumula tanta SAL en los mares? Y la respuesta, AUNQUE UN TANTO EVASIVA, es porque la evaporación del agua es mínima. Además, como el agua que se evapora es básicamente pura, abajo quedará lógicamente la sal inundando los mares del Globo Terráqueo.

Otro fenómeno es que muchos componentes de la sal son absorbidos por organismos vivos como los moluscos, los pólipos del coral, los crustáceos que recolectan el calcio que les es indispensable para la formación de su caparazón, de sus conchas y esqueletos, quedándonos por mencionar los micro-organismos y diatomeas que succionan la materia que se llama sílice.

También existen las bacterias y múltiples organismos que consumen materia orgánica disuelta en los océanos; entonces, cuando todos estos seres mueren o son digeridos por otros, las sales y minerales de sus cuerpos terminan absorbidos o diseminados en los fondos marítimos.

Muchas sales no se eliminan mediante procesos bioquímicos. Tal es así que el barro y otros sedimentos que arrastran las lluvias, las erupciones volcánicas y deslaves, también irán arrastrando sales hacia los fondos marinos, o simplemente irán quedando adheridas a las rocas, aunque el vaivén las conduzca indefectiblemente a su último fin. Este es el eterno proceso de la vida y en el desarrollo y ejercicio de tal ciclo se van a producir muchos fenómenos geofísicos.

Otra conjetura que me viene a las mientes es que si hipotéticamente "recicláramos" tantas conchas o corazas de moluscos consumidos en nuestra dieta diaria y las trituráramos y las lanzáramos a las aguas ¿No estaríamos colaborando con un proceso de enorme trascendencia y beneficio en el misterioso desarrollo ecológico? ¿Cuántas materias calcáreas no son utilizadas en la preparación del alimento avícola? ¿Qué destino tiene, por ejemplo, la cáscara del huevo cargada de calcio que tanto necesitamos aun para nuestra propia vida?

Pero, tornemos al comienzo. Las sales marinas sirven como rastrillo en nuestra atmósfera, las que al ser impulsadas por potentes chorros de agua pura limpiarán las capas oleaginosas, reanudándose el proceso de la vida sin tanta contaminación, pues se irá purificando el aire que necesitamos en el incontenible desarrollo de la existencia humana y para el desarrollo normal de todos los seres que nos rodean.

Y cuando hablo de las "Sales Marinas" colisionando en las alturas con las aguas dulces es considerando un proceso similar al de las salpicaduras de las olas sobre las nubes cargadas de partículas de agua pura en suspensión, o a un proceso similar a inmunizarse con el mismo veneno, algo parecido a las vacunas conteniendo organismos de la misma enfermedad. Otras sales como el nitrato de plata con que se hace llover artificialmente, tal vez no ofrezca el mismo resultado, puesto que aunque su función sea análoga, los sub-compuestos químicos no sean probablemente los que la Madre Naturaleza combinaría, pues buscamos nuclear, no somera aleación.

MECANISMO

1) Será preciso instalar enormes turbinas que impulsen el líquido elemento y ellas serán de dos naturalezas: Una que extraiga el agua de los ríos u otras fuentes afines y otra que la extraiga de los mares.

2) Una turbina debe ser instalada cerca de la otra y ambas deberán lanzar sus potentes chorros a la altura, donde habrán de chocar con violencia por estar dirigidos unos contra el otro, pero en medio de la espesa capa de humo que conforma esa tóxica nube.

3) Allí se producirá el proceso de las gotitas contaminadas y las gotitas puras, es decir unas pesadas y otras livianas. El recio golpe decantará las sales malas, como que las buenas harán su labor.

4) El viento de las capas superiores hará su parte y ya despejado el cielo atmosférico la luz y el sol bajarán hacia la tierra, como que las lluvias tornarán a ser regulares, constantes, benéficas y, sobre todo, expeditas.

VÁLVULAS ELECTRÓNICAS
VÁLVULAS DE GAS

Se diferencian de las válvulas o tubos de vacío (v.2) por la presencia de gas en su interior, siendo precisamente este gas el que determina la relación tensión-intensidad a través de los mismos, y por consiguiente su funcionamiento y aplicaciones. Dos son las implicaciones más corrientes de las válvulas de gas; la rectificación corriente, controlada o no, y los tubos estabilizadores de retención utilizados como referencia en las fuentes de alimentación de corriente continua. Al igual que ocurre con los tubos de vacío, aunque aquí el fenómeno, si cabe, es más acentuado, estos dispositivos están desapareciendo rápidamente en todas sus aplicaciones, sustituidos por elementos que llenan sus mismas funciones superándolos en todos los aspectos, desde la economía de coste al volumen y peso, pasando por la rapidez de respuesta.

VÁLVULAS RECTIFICADORAS. La función rectificadora está realizada por válvulas de gas a cátodo caliente, es decir, los electrones primarios necesarios para la conducción proceden de emisión electrónica por el cátodo calentado por caldeo directo o indirecto. Los electrones emitidos alcanzan, en un proceso de difusión a la placa, en ausencia de sal positiva aplicada a la misma, dando lugar a una pequeña corriente de placa a cátodo, que se anula para una tensión de placa negativa de unos pocos voltios. La presencia de tensiones placa-cátodo positivas crea, por el contrario, un campo acelerador de los electrones emitidos, los cuales se dirigirán a la placa en un proceso análogo al de los tubos de vacío, solo que ahora van a chocar repetidamente con moléculas de gas que tan abundantemente existen en el recorrido de placa a cátodo.

VÁLVULAS

En esta página comienzan las TRANSCRIPCIONES de fotocopias del estudio de las válvulas con sus respectivas ilustraciones tomadas de la Enciclopedia RIALP, obra que nos pareció muy adecuada para el propósito del trabajo al que nos conduce una tarea innovadora. Huelgan palabras para indicar que gran parte de esta labor ha de residir en la inteligencia y la buena voluntad de los especialistas que convencidos del apoyo que de nuestra parte exige la Naturaleza se entreguen a la ímproba labor de superar, corregir, complementar y adecuar con criterio científico y humanístico el aporte que permita el feliz resultado de tan encomiables propósitos.

1) VÁLVULAS MECÁNICAS.
Características generales. Se denominan válvulas mecánicas a los dispositivos destinados a cerrar total o parcialmente el paso de fluidos (agua, vapor de agua, aire, etc.) por las tuberías. Cuando abren o cierran total o parcialmente el paso de fluidos se llaman válvulas de cierre; cuando este paso se cierra parcialmente son válvulas de estrangulamiento. Una válvula mecánica está constituida por los siguientes elementos constructivos (figura 1): 1) Cuerpo de caja formada por una pieza hueca que se intercala en la

tubería y a través de la cual debe pasar el fluido cuando circula.

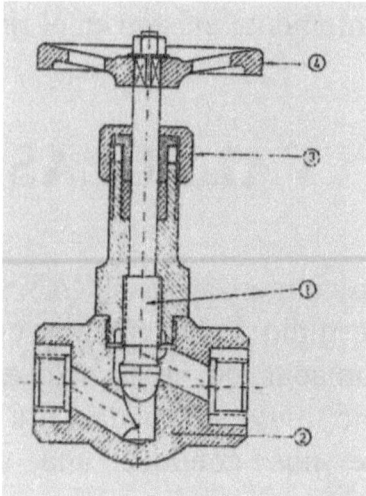

Figura 1

2) Elemento de cierre o estrangulamiento, que puede tener distintas formas según se verá más adelante, ver Figura 2.

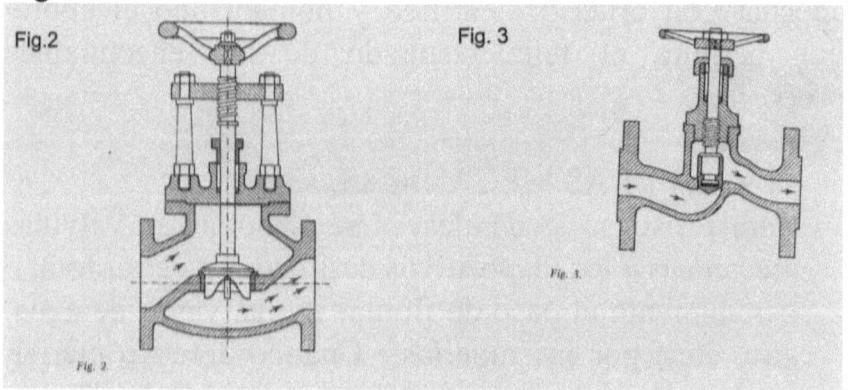

Figura 2 y 3

3) Mecanismo de accionamiento, que acciona el elemento anterior, ver Figura 3.

4) Dispositivo de obturación o junta, destinado a evitar que el fluido se escape al exterior a través del mecanismo de accionamiento.

Las válvulas mecánicas se construyen de materiales muy diversos. El cuerpo o caja es, generalmente, una pieza fundida de latón, bronce, hierro, acero o aleaciones especiales, según sea el tamaño de la válvula y la naturaleza del fluido que circula por la tubería. También los elementos de cierre son materiales muy variados, y están constituidos por piezas fundidas o mecanizadas según su forma o tamaño.

Para que una válvula mecánica pueda cumplir su misión deben tenerse en cuenta las siguientes condiciones: 1) El cierre ha de ser eficaz. 2) Las superficies de cierre han de ser fácilmente accesibles desde el exterior para su inspección y reparación. 3) No han de accionar grandes alteraciones de sección de la tubería y de dirección del movimiento de los fluidos que por ella circulen.

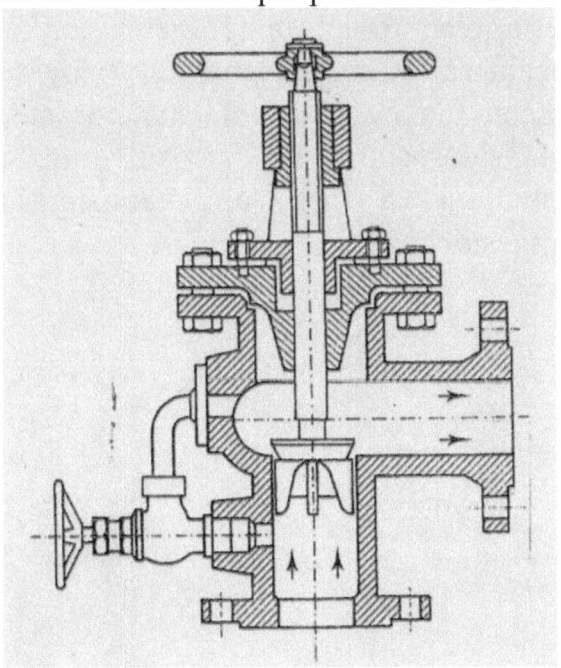

Figura 4

2) CLASIFICACIÓN Y TIPOS

Existen varios criterios de clasificación. Según
  A) La estructura del elemento de cierre puede ser: a)
     Válvula de asiento, (ver Figura 2) presentan en la
     caja una superficie de asiento generalmente anular,
     alrededor de la abertura por donde pasa el fluido,
     perfectamente trabajada y pulimentada y sobre la
     que se apoya el elemento de cierre por medio de
     otra superficie semejante; el cierre se produce por
     el contacto íntimo de ambas superficies y mediante
     una trayectoria rectilínea del elemento de cierre o
     asiento que puede tener forma de disco, de bola, de
     anillo, etc. Existen **válvulas de asiento de paso
     recto** (ver Figura 3) y de **paso angular** (ver Figura
     4), según que la válvula deba montarse en una
     tubería recta o en una tubería con cambio de
     dirección. Generalmente el movimiento del
     elemento de cierre se efectúa por medio de un
     vástago roscado. El dispositivo de obturación
     acostumbra a ser una empaquetadura de
     prensaestopas.

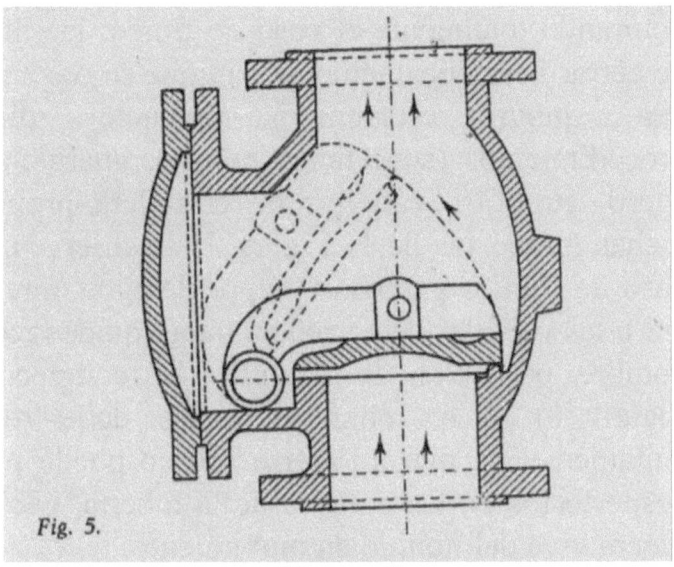

Fig. 5.

Figura 5

b) **Válvula de Charnela**. Se distinguen de las anteriores en que la trayectoria del elemento de cierre es circular; por lo general el elemento de cierre también es circular, y se adapta a la sección interior de la tubería. Cuando el eje de giro de este elemento no coincide con el eje de la tubería, se trata de una válvula de charnela propiamente dicha (ver Figura 5). Cuando ese eje de giro coincide con el de la tubería, se denomina **válvula de mariposa** (ver Figura 6) en ésta, cuando el elemento de cierre se sitúa en posición normal al eje de la tubería, cierra el paso de fluido y lo abre totalmente cuando se coloca en posición axial; en las posiciones intermedias, estrangula el paso de fluido.

c) **Válvula de Corredera**. (Ver Figura 7). Están constituidas por tabiques, tabiques que se deslizan con movimiento rectilíneo entre guías, accionados por vástagos roscados; cuando el tabique ha descendido obturando totalmente el paso de fluido, la válvula ha de cerrar herméticamente, por lo que se procura hacer una junta estancada mediante diferentes procedimientos (superficies pulidas, guarniciones de cuero, etc.), las válvulas de corredera propiamente dichas (como las de la Figura 7) se reservan para el paso de fluidos gaseosos (vapor de agua, aire, gases, etc.); las válvulas de corredera para líquidos reciben el nombre particular de válvulas de compuerta (ver Figura 8) y en ellas el cierre debe realizarse lentamente, ya que un cierre brusco puede provocar desperfectos en las paredes de la tubería, debido a la fuerza viva del líquido en movimiento.

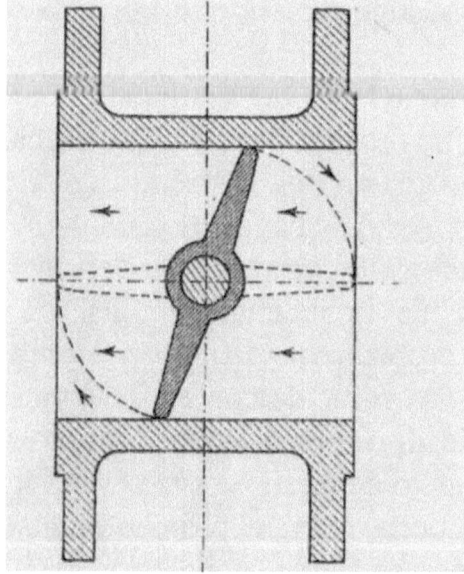

Figura 6

Fig.

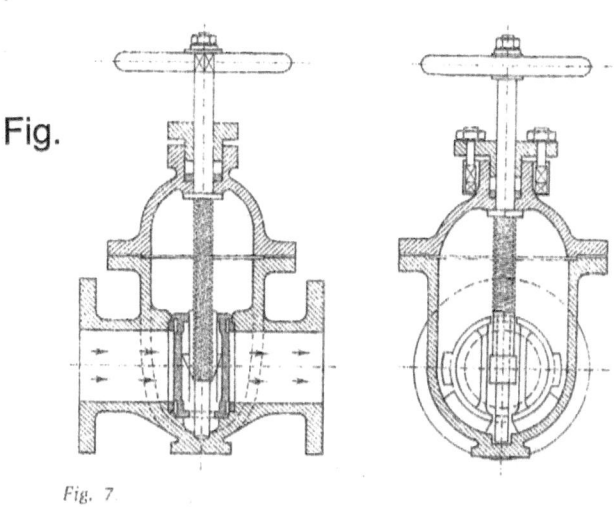

Fig. 7

Figura 7

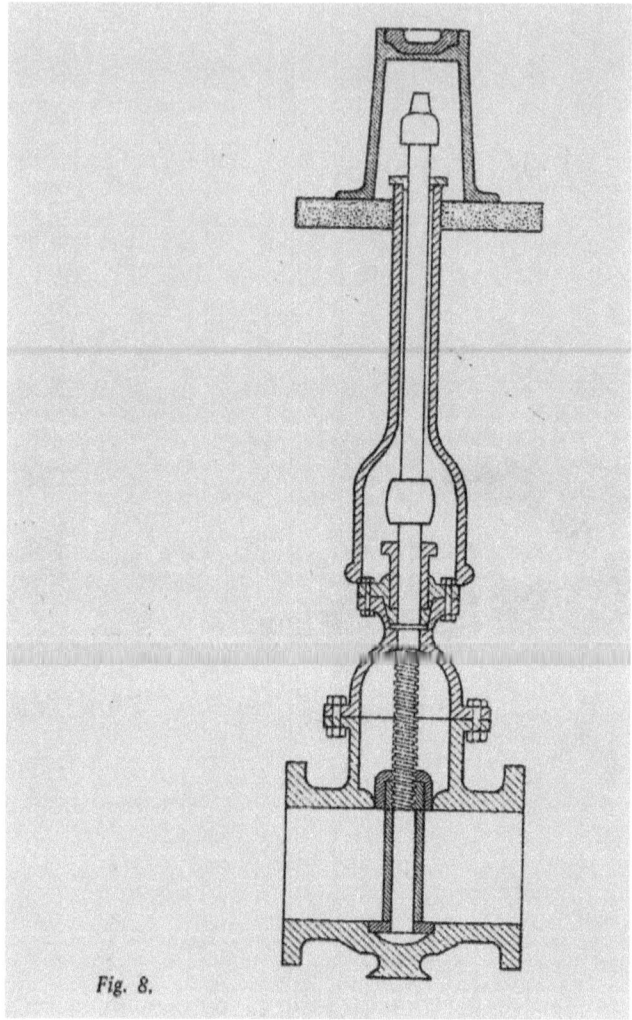

Fig. 8.

Figura 8

d) **Grifos** (ver Figura 9). La superficie de desliza-
miento se hace en forma de cono truncado y la trayectoria del elemento de cierre es circular, el elemento de
cierre tiene esta vez el nombre particular de macho o
llave y se dispone con una parte hueca giratoria; según
su posición (ver Figura 10 la válvula permanece
abierta o cerrada.

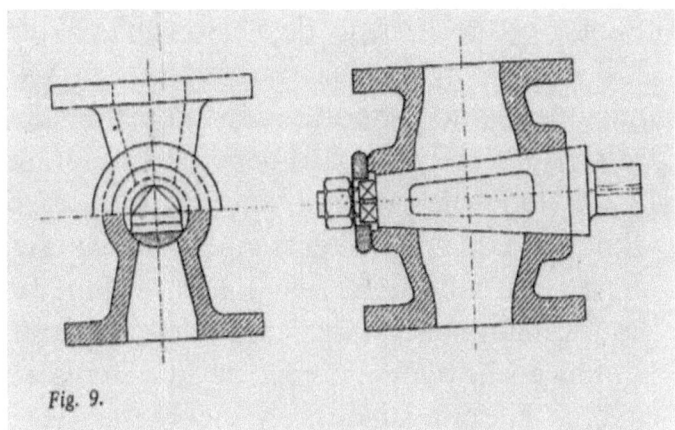

Figura 9

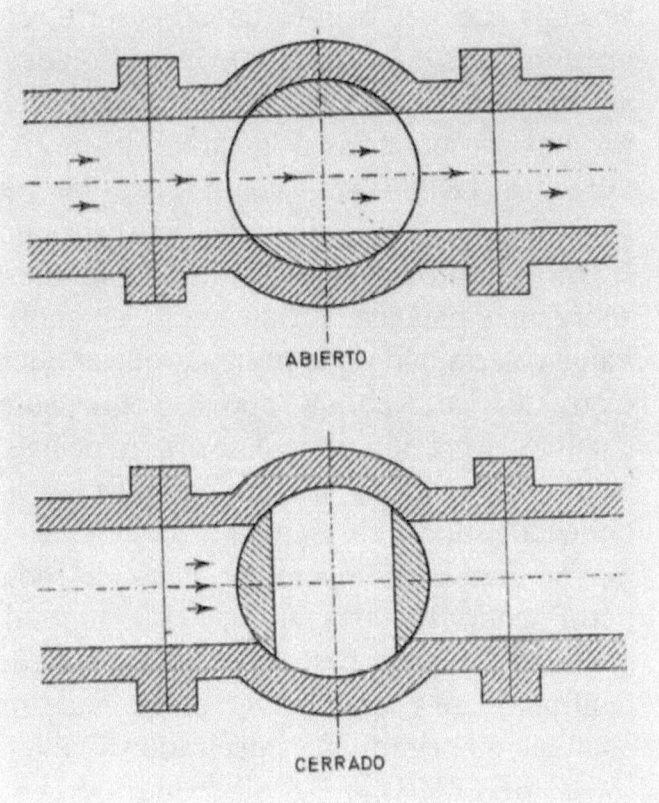

Figura 10

B) Según el mecanismo de accionamiento empleado las válvulas mecánicas pueden ser: a) Válvula de accionamiento interior. Están actuando por el mismo fluido cuyo paso deben controlar, según las condiciones de presión, temperatura, etc., de dicho fluido. Las más interesantes son las siguientes: VÁLVULA DE RETENCIÓN (ver Figura 11) que se levantan sobre su asiento cuando la presión del fluido en la parte inferior de la válvula es mayor que en la parte superior, y viceversa. VÁLVULA DE RESORTE (ver Figura 12) en las que su cierre se consigue por acción de un resorte, cuando la presión de éste es mayor que la presión del fluido y su apertura se realiza cuando las condiciones de presión son opuestas a las anteriores. VÁLVULA DE CONTRAPESO (ver Figura 13) utilizadas generalmente como válvula de seguridad en las calderas, autoclaves, etc. El contrapeso actúa sobre una palanca, produciendo un momento de valor determinado que obliga a que el elemento de cierre de la válvula apoye sobre su asiento. Cuando la presión de la caldera, autoclave, etc., se hace excesiva, el movimiento de esta fuerza, aplicado sobre el elemento de cierre, se hace mayor que el momento de carga del contrapeso, permitiendo de esta forma el escape de cierta cantidad de fluido hasta que el momento debido de contrapeso se hace otra vez mayor y se restablece la situación primitiva, es decir, de válvula cerrada.

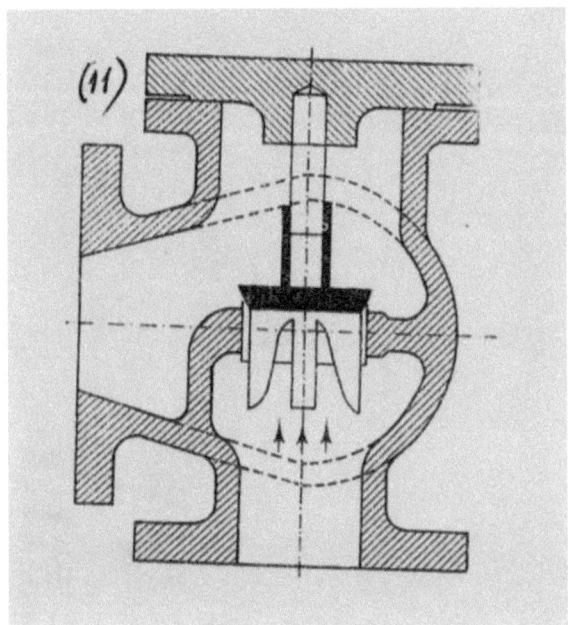

Figura 11

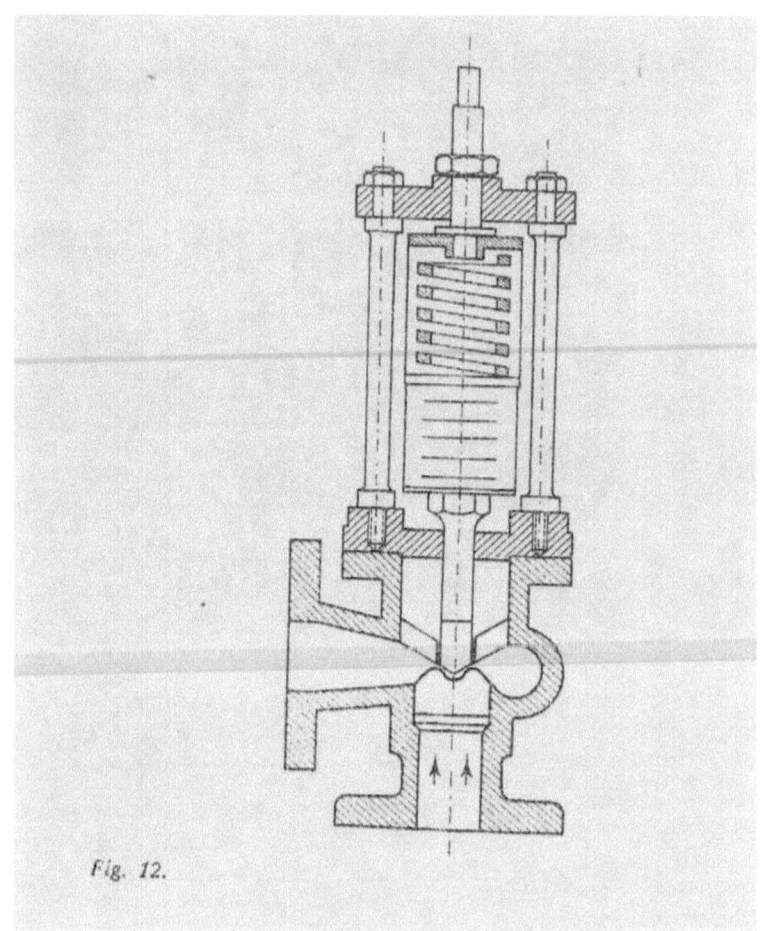

Fig. 12.

Figura 12

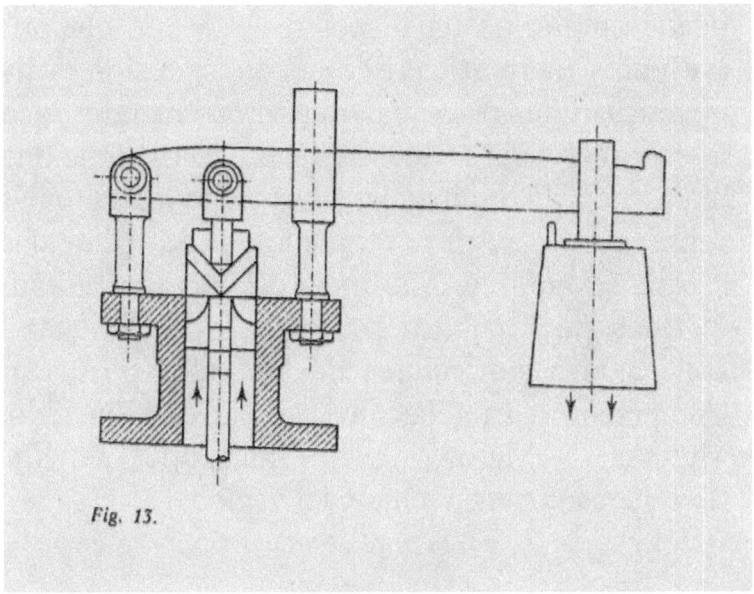

Fig. 13.

Figura 13

B) VÁLVULAS DE ACCIONAMIENTO EXTERIOR. Llevan un mecanismo de accionamiento en su parte externa y actúan a voluntad del operador o automáticamente en instantes perfectamente determinados. (Válvulas de regulación). Las más interesantes son:

1) **Válvulas Manuales**, que se accionan mediante un volante de mano, el cual, haciendo girar un vástago roscado o tornillo, provoca la apertura de la válvula.

2) **Válvulas Automáticas** en las cuales la apertura se realiza mediante dispositivos mecánicos tales como árboles de leva, balancines, etc., que actúan en momentos determinados. El cierre de la Válvula Automática lo produce un resorte que actúa cuando cesa la acción del dispositivo mecánico de apertura

puede emplearse un dispositivo de aire comprimido (**válvulas neumáticas**) de aceite a presión (**válvulas oleohidráulicas**) o válvulas con mando eléctrico (**electroválvulas**) que actúan en condiciones y momentos determinados. Las válvulas automáticas, sobre todo, en los reguladores de velocidad de máquinas motrices (turbinas de vapor o hidráulicas, motores de combustión, etc.). Ver también para aplicaciones particulares de las válvulas mecánicas: Compresores; frío, Técnica de: Gases, Generadores y Motores. Motores para transporte de fluidos, servomecanismos; técnica del vacío, etc.[1]

\

---

[1] Bibliografía: Jerie, "Elementos de Máquinas; máquinas elevadoras (con Atlas de Construcción), en Escuelas del Técnico Mecánico IV, Barcelona 1968; DEBELL; Manual del Constructor de Máquinas, Barcelona, 1970; varios, Atlas de Máquinas, 1972.

INFRAESTRUCTURA

Ineludiblemente se ha de pensar en financiamientos que hagan posible el desarrollo de esta infraestructura, puesto que deberemos construir torres de "alta tensión" con transformadores eléctricos que permitan suficiente fuerza para impulsar el agua por las poderosas y enormes cañerías que en forma de sólida estructura han de elevarse a considerable altura, sin que sea necesario hacerlas giratorias, puesto que suponemos imitar a la Madre Naturaleza con el misterioso atributo de las sales que los mares, en su eterno movimiento, expelen hacia las nubes y sus respectivos vientos. Esta circunstancia también provocará vientos en movimiento.

Y todos los materiales los tenemos a la mano como para construir una verdadera "Obra de Arte" de carácter eiffeliano, pues Chile posee el magnífico acero de Huachipato, sobrada producción de cobre y cemento de alta calidad; además, una mano de obra económica muy capacitada e ingenieros de reconocido talento.

Construcciones de acero fueron realizadas en otros tiempos (1869 – 1872) a costos prohibitivos, tanto que, alarmada, la población dudaba sin un país tan nuevo como Chile se lograría tal maravilla y concejales municipales y especuladores escépticos luchaban con sus políticas miopes contra un proyecto que a la postre vino a resultar de extraordinario valor para la patria. Con esta nota me estoy refiriendo a la construcción del maravilloso Mercado de Abastos, proyecto surgido tras el incendio del viejo mercado acaecido en 1863. Hoy ese mercado es conocido como El Mercado Central y toda su historia escrita por esta pluma desde hace más de 30 años permanece en la oscuridad pues por falta de recursos me he visto impedido dolorosamente de darla a la luz ... aun habiendo mendigado recursos al Honorable Consulado de Chile en Miami, como también a Don Francisco, en cuyos Programas de Sábado Gigante por un tiempo estuvo presentando Mercados de otras partes del mundo observación que prudentemente le hice por correspondencia, sugiriéndole me invitara a un Programa exclusivamente de nuestro Mercado y se financiara mi Obra, un Documento único de Historia nunca escrito por otro historiador, sino por mí. Después de SIETE meses recibí una carta Don Francisco excusándose de no publicar la Historia del Mercado Central porque su Programa era muy pobre y escaso de recursos y no apto para dar cumplimiento con mi modesta solicitud. Yo no me trasladé jamás de Miami, Estado de la Florida, EEUU, donde fijé mi residencia apenas llegado a este país del norte: ¡Ni súplica, ni interés nacional tuvieron éxito! (Pero me han comentado que ha habido imitadores o imitadoras procedentes de "Noruega") toda aquella artística estructura fue mandada a hacer a las acerías británicas, las que nos proveerían de tal material a altísimo costo: ¡Pero Chile supo solventar el compromiso económico! Autoridades de la talla de don Benjamín Vicuña Mackenna (1831-1886, político e historiador) y talentos como el humilde Fermín Vivaceta (1827-1890, arquitecto y profesor), llamado el "Padre de los Pobres" y fundador de la Escuela de Artesanos que llevaría su ilustre nombre, con tesón y probidad sin mácula lograron el milagro engrandeciendo a Chile. *(Historia del Mercado Central de Santiago de Chile 1981 -1986. Su autor nació en Linares, Chile, 1937.)*

CAPITULO 5

FINANCIAMIENTO

FINANCIAMIENTO

Ineludiblemente se ha de pensar en financiamientos que hagan posible el desarrollo de esta infraestructura, puesto que deberemos construir torres de alta tensión con transformadores eléctricos que suministren suficiente fuerza para impulsar el agua por las enormes cañerías que en unas torres de gran capacidad han de elevarse a considerable altura, en plano inclinado colisionando el agua dulce-agua de mar a 100 metros de altura.

Y todos los materiales los tenemos a la mano como para construir una verdadera obra de arte y vuelvo a repetir: de carácter eiffeliano, pues Chile posee el magnífico acero de Huachipato, sobrada producción de cobre y cemento de alta calidad; además una mano de obra económica muy capacitada e ingenieros de reconocido talento.

El terreno donde se ha de emplazar estas torres es de muy buena calidad, pues en diversos lugares hallaremos bases rocosas de gran solidez y elevación a propósito. A todo esto se ha de agregar la instalación de las tuberías que han de surcar cerros y quebradas mediante una instalación definitivamente "URGENTE", trabajándose CUATRO TURNOS DE SEIS HORAS CADA UNO con trabajadores y jornaleros bien remunerados con buena comida y buen transporte y buen descanso.

Respecto a este tipo de obras buen ejemplo nos dio el Cuerpo Militar del Trabajo (CMT) que bajo la

Presidencia de la Honorable Junta de Gobierno nuestros aguerridos y bien disciplinados militares avanzaron por bosques y cenagales, venciendo enormes y casi infranqueables roqueños, lluvias torrenciales y huracanados vientos, sin olvidar las tremendas bajas temperaturas que debieron soportar nuestros hombres para abrir la faraónica RUTA – SUR uniendo a Chile visionariamente de norte a sur con un soberbio camino abarcando una longitud de 2.421 kilómetros y en tiempo record. ¿Qué más podrá significar para nuestro "Inmortal Roto Chileno" excavar y sepultar caños al través de 150 tímidos kilómetros? - ¿Sería preciso recurrir nuevamente al CMT…? Ya no está mi General, pero quedan otros Generales igualmente amantes de su Patria. También nuestro Ejército cuenta con talentosos ingenieros, arquitectos, topógrafos, instrumental, cocineros, abasteros, equipos, transporte, telecomunicación, logística aérea y terrestre y unos cuidadores del orden diligentes, cultos e insobornables patriotas de HEROICAS decisiones como no hay otros sobre la faz del Planeta: CARABINEROS DE CHILE.

No obstante, como se ha de contratar mano de obra de nuestro pueblo no dudo de su gran capacidad y patriotismo, sobre todo si se les sabe explicar la razón angustiosa de ver nacer a sus propios hijos libres de la intoxicación a que los condena una ciudad cargada del hollín de tan numerosos complejos que ya ni vale la pena mencionar. Y a propósito, es imperioso recalcar que las retroexcavadoras y otras maquinarias deberán ser sometidas al mínimo uso y la más acuciosa inspección, pues sus emanaciones tóxicas estarían delatando supina ignorancia e indiferencia por el mal ante el cual se yergue este proyecto.

Los obrero deberán ser bien remunerados, porque Chile no tiene por qué regatear dinero para nuestra gente: Este es un país que recibió como herencia una de las mejores economías del Continente Americano; por lo tanto, no hay razón para pensar en "pequeño" pues, repito, Chile ha quedado considerado como uno de los más prósperos con que se ha cerrado el Siglo XX. Sólidas Instituciones, sólidas estructuras sociales, han de corresponder a sólidos emolumentos sin invocar "pobrezas". ¡Somos los mejores! ¡Somos Chilenos! Por humildes y modestos que sean los matrimonios de nuestras gentes ellos tiene hijos y por ellos lucharemos contra los daños que el Hombre y la Ciencia están ocasionando a la Naturaleza.

¡Derrotemos al HUMO! Debemos tomar en cuenta que este mismo fenómeno está contribuyendo al recalentamiento del Globo, porque así como ocurre en Santiago de Chile, miles de "otros-santiagos" más en el mundo están asesinando a la Madre Tierra... ¿Y quién es el responsable? ¡El Hombre!

Es probable que alguien desee argüir: ¿Y qué tiene que ver esto con la INFRAESTRUCTURA? ¡Todo! Puesto que vamos entregando un proyecto para la vida y por la vida, con el encomiable propósito de salvar la vida de los seres humanos y de la ecología, en consecuencia, la de la tierra entera. Y, obviamente, suponemos que todo este movimiento va a significar "Dinero", "Salario" (palabra que procede de SAL (elemento de la naturaleza con que antiguamente se pagaba una soldada ¡Y pensar que hoy vengo yo a utilizar esta palabra como parte de la panacea contra el mal que padece la Capital de Chile!—mi patria y "Pan".

Sin sombra de dudas, con esto, con todo el esfuerzo y sacrificio que involucra este Proyecto, estaremos echando los cimientos del futuro bienestar y la salud pública futura.

¿Será esto un sacrificio? De ninguna manera. La Naturaleza es mi madre: por ella doy la vida; es mi bebé y por él también la doy. Por ambos trabajaré, sembraré, lavaré platos y letrinas y calles; cuidaré enfermos, dictaré clases, ofreceré conferencias; haré la guerra o la paz. A mi naturaleza la defenderé de sus enfermedades y si necesita mi sangre, mi riñón, mi corazón ¡también se los doy!: Y si es para mi madre, con mayor razón: el dinero es lo de menos... ¿Financiamiento? ¡Qué va! Ayer (hace poco) el ex -presidente de Chille, señor Ricardo Lagos, se reunió en Uruguay con el segundo hombre más rico del mundo de nacionalidad mexicana y las noticias informaron acerca de lo que ellos hablaron: "Crear fuentes de trabajo, nuevas industrias, recalentamiento global, etc. Pues bien, yo les entrego esta misión: Liberar a Santiago de Chile y a Ciudad México de las terribles contaminaciones que padecen, pues se las considera las dos ciudades más contaminadas del mundo. Mi PLAN podría ser aplicado en ambas partes y en cualquier parte del mundo donde sea menester. Pero las emanaciones y los hidrocarburos deben ser custodiados, sean éstos procedentes de las "industrias que proponen" , o del movimiento vehicular, especialmente los camiones de carga pesada y los recolectores de basura, cuya tarea de limpiar diariamente nuestras calles, pues con gran pesar observamos que muchas veces van VOMITANDO CANTIDADES DE HUMO NEGRO del que el transeúnte debe huir con rapidez, so riesgo de asfixiarse, o dejar impregnarse su camisa o vestido de tan desagradable materia.

Con respecto al RECALENTAMIENTO, nuestro honorable Compatriota predijo que de continuar tan trágico mal todo el mundo desaparecería de aquí al año 2100 (el Nuevo Herald, Nov.2008) ¡Qué cerca estamos de ser testigos de tan espantoso resultado de la humanidad! NUESTROS PROPIOS HIJOS PODRIAN SER LAS VICTIMAS DEL HORROROSO HOLOCAUSTO.

Pero, tratemos de no pensar en tan espantoso resultado de la humanidad, pues si Dios nos creó y si la Biblia no nos engaña, nuestro bondadoso Creador prontamente hará de este mundo un paraíso. Por lo tanto ¡Oh, seres humanos, cuidemos nuestro Planeta!

¿El dinero? ¡Qué va! Chile posee una sólida economía como resultado de una férrea administración que dejara Instituciones patrióticamente establecidas y una acelerada marcha hacia el progreso, demostrándose lo valioso de una buena conducta de sus ciudadanos. Chile posee grandes filones de oro para pagar bien a nuestros trabajadores que por salvar la Patria y en consecuencia al Planeta se merecen "salarios en lingotes de oro": Solo hay que ir a buscarlo. Luego entonces, el secreto está en dar trabajo y trabajo y más trabajo; un trabajo libre, noble, soberano: Sin esclavitud, sin aprovechamientos y donde se respeten los derechos humano y a lo que cada quien ha de hacer méritos, para no caer en nefastas doctrinas políticas que siempre estarán tan divorciadas de nuestra idiosincrasia, pues el temperamento del chileno es de ancestral libertad. El trabajo no ha de ser una carga, un yugo, sino una corona de laureles, una corona de hermosas flores y una sonrisa pletórica de amor.

Otro ejemplo de grande esfuerzo, de lágrima y... progreso, lo encontramos en la historia del desarrollo de 5000 kilómetros del tendido de líneas férreas más asombroso a comienzos del Siglo XIX desde Estados Unidos de América al Canadá. Se llegó al extremo de contratar más de dos millones de chinos en aquella mano de obra, siendo el "Caballo" pieza fundamental de arrastre, fuerza, agilidad, rapidez. Pero no nos alejemos de Chile y veamos otro ejemplo.

1841 — La gente se preguntaba si en un país tan pequeño como Chile habría talento suficiente como para crear una Universidad. Veinticuatro meses después abriría sus majestuosas puertas del roble de nuestros campos la Universidad de Chile, la cual quedaría bajo la sapiencia del Ilustre don Andrés de Jesús María y José Bello López, quien fuera su Primer Rector con carácter vitalicio. Muy pronto los chilenos darían cuenta de talento helénico, tanto que allí mismo recibiría su título de Doctora en Medicina la primera mujer chilena, doña Eloísa Díaz, constituyéndose en la primera mujer en el Continente en recibir semejante Título.

Otro ejemplo: Desde 1929 se intentaba realizar la construcción de un tren subterráneo en la Capital de Chile y poderosos obstáculos se opusieron al Proyecto, hasta que con férrea voluntad el Gobierno de Chile ordena se dé comienzo a los trabajos hacia los 1977. El éxito fue rotundo. Y podríamos acotar miles de proyectos en diferentes épocas que han sido realizado por el hombre chileno sin el auxilio del tractor echando humo y aumentando el "Smog" – tal la impresionante estructura del Puente de Cal y Canto sobre el Río Mapocho que a pico y pala y millones de claras de huevo se pegó piedra sobre piedra. Por eso creo en el Hombre Chileno. Diga Usted a un chileno: ¡Guerra contra el Smog! ¡Guerra contra el asesino de nuestros hijos! ¡Guerra contra el asesino de nuestra Madre Tierra… y verá cómo se lanza! Y ganará. Vencerá como el milico de los tiempos heroicos.

CAPITULO 6

FILOSOFIA

FILOSOFIA

Una de las personalidades mundiales dignas del mayor crédito considero que es el científico oceanógrafo Jack Cousteaux, quien con la claridad del sabio y la autoridad del patriarca expusiera los siguientes tópicos en acertada comparación con varios elementos del mar, deteniéndose en uno muy singular: El Coral. "Los arrecifes de coral siguen siendo la creación natural más simbólica de las actuales oportunidades ecológicas y de la condición humana. El bienestar general en los corales depende de su bienestar individual, pues mientras que cada uno de sus pequeños pólipos se alimenta a través de sus microscópicos tentáculos, se nutre todo el arrecife". (Sic —Enciclopedia Popular— magazine – año 1 —No. 12 —Chile).

Esto lo expresaba el ilustre francés ante la expectativa de ser escuchado por las Autoridades de las Naciones Unidas. Y sus sintéticas palabras resonaron como clase magistral, asociando el movimiento colectivo del hombre en el campo inagotable de su desarrollo, entretejiendo el conocimiento, el mercadeo, el desarrollo intelectual, las ciencias de la economía etc. Y sus palabras de elocuencia indiscutida concluyeron: Mientras quizá pensemos que las empresas son tan poderosas como vulnerable el medio-ambiente, estaremos cada día más conscientes del poder de la ecología y la vulnerabilidad de las empresas. Y el que lo administremos o nos convirtamos en sus víctimas será el centro de las decisiones que emanarán de la Cumbre de la Tierra".

Pues bien, al transcribir las postreras palabras del discurso genial, yo que lo he leído tantas veces, experimento cada vez con más fuerza que todo ese discurso es el del Patriarca bíblico que nos está enviando un mensaje misterioso, sus palabras tienen algo de premonición, eslabonándose a mi criterio como alma gemela. Tenemos un propósito común, por lo tanto dejo a consideración mi propósito y el de esta obrita, porque yo también me pregunto ¿Es estrictamente hacer negocio, o satisfacer necesidades humanas? La contribución de la "ecología" a las empresas debe considerarse de manera más directa, considerar el potencial de empleos, productos y sensatos resultados económicos de las inversiones en nuevas tecnologías económicamente sensibles... Como en el arrecife, el bienestar común depende de nuestra habilidad para actuar... Podemos elegir y dirigir nuestras acciones.

Es obvio que sus últimas sentencias sean preocupantes, pero vitales para promover la reacción de nuestra conciencia; por eso he dejado para el final de esta nota una de sus frases intermedias: "Creo en la eficiencia y el uso de la energía y el aumento del potencial solar..."

Y sin discrepar en absoluto, me parece prudente un

acucioso análisis cuando se hable del "Potencial Solar", pues así como podríamos utilizar su energía, bien pudiéramos abusar de ella enviando a la estratosfera millones de toneladas de carga nociva, rompiendo con ello la capa de ozono que nos protege de la potencia solar: sus rayos equis, sus ultravioleta, etc.

Al respecto, en la revista Enciclopedia Popular N0 12 hallamos lo siguiente: "En 1974 los investigadores Sherwood Rowland y Mario Molina descubrieron que los clorofluorocarbonos destruyen el ozono. Estos compuestos químicos son empleados con profusión como gas propulsor de aerosoles, como refrigerantes en los aparatos de aire acondicionado y también como agente espumante de diversos tipos de plástico. Como vemos, es el gas de la sociedad de consumo. Esta sustancia se descompone al llegar libremente a la atmósfera y libera cloro, uno de sus componentes. Y el cloro es el peor enemigo del ozono, ya que cada átomo destruye 10.000 moléculas. Pero, además, una vez cometido el crimen el cloro sobrevive y vuelve a comenzar su mortífera acción.

Ahora bien, ¿Qué es el OZONO? Es una molécula compuesta por tres átomos de oxígeno. Y hemos de advertir que es un elemento altamente tóxico si lo inhalamos en el aire que respiramos. No obstante, allá arriba es donde va a prestar su más valiosa e incomprensible ayuda a la vida en la naturaleza, porque en la estratosfera, formando una capa entre los 20 y los 30 kilómetros sobre la superficie de la tierra, actúa como una barrera que filtra los nocivos rayos ultravioletas procedentes del sol.

Hecha esta descripción, tras evocar las palabras del ilustre oceanógrafo Jacques Cousteau (1910-1997) y expuesta la idea del "Ozono", advertimos que solamente quedará en manos de las autoridades en cada región del mundo el tratar de dar difusión a todo lo que exponemos, agregando toda la literatura que sea considerada de conocimiento útil para la humanidad y en el cuidado de nuestro hogar la tierra.

Y cuando me propuse tocar el aspecto físico del "Smog" y el modelo de una idea para limpiar de esa basura nuestro cielo, es por estar convencido de la bondad de estar colaborando con la ecología de carácter mundial, porque por algún extremo se debe comenzar, aunque sea por un simple rinconcito de la casa. Y como en el arrecife, el bienestar común dependerá de nuestra habilidad para actuar.

Ante lo expuesto debemos reconocer con humildad la impresionante ignorancia en que nosotros, el vulgo, nos hallamos, puesto que la literatura científica está muy lejos del alcance del pueblo. Ella es un símbolo, algo que tal vez pudiéramos ver, pero solo como un espejismo, una falsa realidad, una hipotética realidad saturada de irrealidades; pues, nada hace tanto daño como la ignorancia, desconociendo en consecuencia, el profundo alcance de las cosas que más nos resultan sensacionalismos; entonces nos convencemos de que nada hace tanto daño como la ignorancia, creando escepticismos frente al profundo alcance de las cosas que nos resultan desconocidas.

La población mundial, subjetivamente considerado, es ignorante. Los pocos sabios no se descubren ante sus congéneres y quizás si ello está bien, puesto que la sensibilidad humana, susceptible por ser pensante podría alterar la percepción conduciéndonos a una catarsis con serías alteraciones de nuestra psiquis universal, o falsas o equivocada interpretaciones, como simplemente desbordar en neuróticas alarmas…

La tierra es un centro muy cercano para los hechos desconocidos que se producen a su alrededor, como los que gravitan a miles o millones de años luz sobre nosotros, o a miles o millones de años luz de nuestra existencia física.

Por esas peculiaridades que suelen tocar al poeta descubrimos en ellos mensajes misteriosos, porque ante sus sentidos cargados de cierta ficción y extraña belleza, suelen presentarse realidades pletóricas de extraños presagios o rasgos de demencia.

Desde tiempos inmemoriales la tierra viene siendo bombardeada por extraños cuerpos que se nacen por sí mismos a tanta distancia como que van a ignotas galaxias más allá, mucho más allá que los extramuros de Plutón, siendo este el planeta más alejado de la órbita solar… ¿Cómo creer que podremos ser alcanzados con un bombardeo de elementos físicos errabundos en el espacio sideral y nos vengan a impactar precisamente a nosotros, a nuestra amada Madre Tierra, siendo capaces de destruirnos en solo fracción de segundos? ¿Cómo será posible que una bola de piedra o hielo sideral pueda cruzar nuestra atmósfera a más de 100.000 kilómetros por hora? ¿Habrá ciencia humana capaz de destruir un elemento tan destructor antes que se acerque a nuestra galaxia, a nuestra atmósfera? ¿Habría una bomba de hielo que pudiera ser lanzada con una velocidad similar e incuestionable precisión contra esos objetos para destruirlos en el aire mucho antes que se precipiten con ímpetu incontrolable sobre nuestra atmósfera hasta llegar a amagar la poderosa protección de nuestro cielo y que se llama "La Capa de Ozono"?

Yo veo esto como algo extremadamente peligroso y es por eso que siento la necesidad espiritual y casi física de ofrecer mi aporte intelectual al Sistema Ecológico que involucre a toda la Naturaleza, pues a mayor abundamiento, la misma NASA ha proporcionado noticias de suyo alarmantes, pues uno de sus satélites que vigila la concentración de OZONO registró en el año 2000 sobre la Antártida el mayor agujero observado jamás en la historia del mundo y en Buenos Aires se publicó la noticia en el sentido de que ese deterioro que llamaron AGUJERO de la Capa de OZONO ya abarcaba una superficie de 28.300.000 kilómetros cuadrados, agregando ("Diario Clarín", Septiembre) que su enormidad ha dejado sorprendidos a los científicos. Y el Dr. Michael Kurylo de la NASA habría explicado que muchas observaciones "refuerzan la preocupación acerca de la fragilidad de la Capa de Ozono Terrestre. Preciso es recordar que el Ozono es un escudo protector reduciendo la fuerza destructiva de los Rayos Ultravioletas del Sol. Sin ella nuestro mundo desaparecería calcinado.

Pero nos queda otra cuestión: en el hipotético supuesto que el hombre lograra con su ciencia el tremebundo poder de fabricar un proyectil que destruyera el meteorito que a tan asombrosa velocidad se nos viene encima —¿Cómo atacar a los demás?— ¿Qué poder económico se necesitaría para construir una multitud de ellos, si lo que se nos viene encima es una lluvia...?

CAPITULO 7

CARÍSIMO LECTOR

CARÍSIMO LECTOR

Imposible me resulta evitar la introducción en estas humildes páginas de un artículo (o parte de él) y que se relaciona cabalmente con lo expuesto: TAURIDE – UN METEORITO QUE AMENAZA LA TIERRA. LOS METEORITOS QUE AMENAZAN LA TIERRA. Ubicada dentro de la zona más interna del Sistema Solar, la Tierra tiene el mismo problema de quienes viven en la planta baja de un consorcio: le cae encima la basura de todos los de más arriba. Es atravesada constantemente por los desperdicios de "los pisos altos": trenes de cometas de hielo provenientes de su lejana azotea transplutoniana, o nubarrones de asteroides pétreos de los pisos medios. Pero ahora se acerca lo peor: una lluvia de meteoritos que tienen toda la intención de impactar sobre nosotros.

En lo que va del siglo tuvimos algunos incidentes con la vanguardia de esta nube de trozos de piedra y hielo: el meteorito de Tunguska, Liberia, en 1908, que ocasionó un desastre. Y en 1975 la Luna recibió tremendos impactos.

Lo peor está en camino.

La información la certifican Duncan Steel, Víctor Clube, David Asher, Hill Napier y Irak Bailey, que vienen respectivamente del Observatorio Angloaustraliano, de la Universidad de Oxford, del Observatorio de Edimburgo y de la Universidad de Manchester.

UNA MAÑANA EN SIBERIA

30 de Junio de 1908, en los infinitos y helados bosques de Liberia. En esos momentos un objeto sólido de unos 50 metros de diámetro sale como escupido del espacio interplanetario penetrando a 100.000 kilómetros por hora en la atmósfera. La fricción lo calienta instantáneamente a una temperatura de decenas de millones de grados y la cosa se vaporiza de golpe en el aire a 10 kilómetros de altura. Se transforma en centésimas de segundo en una gran bola de plasma, es decir de gases totalmente ionizados por la temperatura, con los átomos sueltos entre sí y desenganchados de sus electrones. La pelota de gas ionizado se expande, como todo gas caliente y cuando la pelota de gas llega al suelo arrasa con miles de kilómetros cuadrados, pero lo particular del caso es que cuando los abetos siberianos caen como palillos chinos ya están calcinados ¿Por qué? Por el "flash infrarrojo".

La pelota de gas ionizado que irradia radiación electromagnética en casi todo el espectro infrarrojo, luz visible, ultravioleta y posiblemente rayos X. durante breves segundo se transforma en una especie de sol en miniatura y lo que queda brillantemente iluminado – especialmente por el infrarrojo- se incendia en forma instantánea: Dos mil kilómetros cuadrados de abetos estaban simultáneamente calcinado como si fueran un único palillo de fósforo.

Y lo que cayó en Tungunska fue simplemente hielo calcinado formado hace 4.500 millones de años en los barrios más alejados del Sistema Solar, la llamada Nube de Oort, mucho más allá de la órbita de Plutón.

Los incendios masivos de grandes áreas boscosas pueden generar en la atmósfera baja (tropósfera) millones de toneladas de hollín de grano muy fino... La estratosfera, ubicada sobre 12 kilómetros de altura, es un sitio relativamente tranquilo donde rara vez llueve. Esto quiere decir que cuando se contamina tiende a quedar sucia durante tiempos muy prolongados... Cuando por fin decante, el mundo ya no será biológicamente el mismo. La última vez que esto ocurrió fue hace 65 millones de años y el mundo quedó sin dinosaurios. Terminamos tomando el mando nosotros los mamíferos, unos parientes pobres y sin importancia de aquellos SUPER-REPTILES, pero mejor adaptados para el frío y la escasez.

De acuerdo a Duncan Steel, la próxima lluvia de hielo y piedras nos caerá encima a fines del Siglo XXI... ¿Será posible...? ¡Qué horror infernal!

Amigo, Compatriota o no, pero ser humano al fin ¿Cómo deberemos protegernos? - ¿Será que la ciencia busca anticipadamente un lugar, un espacio para vivir en otras lejanías? ¿En otras galaxias? ¿Será que el hombre se está lanzando al espacio sideral porque tiene miedo? — ¿… ?

OTRA REFERENCIA

En el Diario las Américas del viernes 12 de Septiembre del 2008 aparece a página completa un anuncio de que los HIELOS POLARES se están derritiendo. Y una fotografía muestra claramente el derrumbe de miles de toneladas de hielo. Y agrega el artículo que de seguir esta tendencia y si se derritiera el Polo Ártico, los mares subirían 7 metros su nivel actual…

Me pregunto ¿Qué pasaría con las ciudades del mundo? ¿Sería esto como el Diluvio Universal de la Sagrada Biblia? Pero ante tal hipótesis ¿No estaríamos próximos a desaparecer en los fondos de las aguas oceánicas, como una moderna Atlántida?

La exposición de estas materias no me transforma en un fatalista, sino en un elemento humano que desea manifestar cuán necesaria es la constante información científica para los pueblos. No podemos conformarnos con un simple artículo periodístico en un diario, pues hasta podría tratarse de un estúpido artículo periodístico de los llamados "Noticias rojas o amarillas" que solamente procuran alarmas o curiosidades para mayor venta… entonces caemos nuevamente en el "negocio" ¡Negocio, negocio y más negocio! ¿Hasta cuándo?

Si la información científica fuera más constantemente difundida con señalados ejemplos acerca del avance de la civilización, de sus progresos en el campo educacional y moral, en la admiración ante la hermosura de la Naturaleza, el desarrollo de su fauna y de su flora y la obligación del hombre ante el debido cuidado por esos maravillosos bienes, estaríamos dando un nuevo paso hacia un nuevo concepto de la EDUCACION DE NUESTRA CONDUCTA EN LAS ESCUELAS Y LA EDUCACION DE NUESTRAS RESPONSABILIDADES CONSCIENTES EN EL DESARROLLO DE NUESTRAS ACTIVIDADES COMO ADULTOS.

Si no entramos en una etapa de madurez y por abrir caminos o construir barriadas o apartamentos como un comercio para enriquecer el bolsillo del ingeniero, del consorcio y del banco y luego quitar las casas reposeyéndolas por la falta del pago de unas cuotas y echar las familias a la calle y joderles el crédito más encima para que nadie más le venda nada, es proceder a un criminal atentado contra la pureza del alma. Los males de la sociedad humana se van a reflejar a la postre en la conducta asumida ante la Madre Naturaleza y ésta se rebelará…

El sobrecalentamiento de la Tierra ya es una tétrica

realidad y si a esto le sumamos el derretimiento de los casquetes polares, un día hallaremos peces muertos y por todas las riberas bajo un sol escaldante y desconocido, con el ambiente llenándose minuto a minuto de un hedor y descomposición irrespirables, pues los hielos son "Agua Dulce" congelada por siglos que al caer a las cuencas marinas estaría provocando un grave desequilibrio de la salinidad de los mares, además del desequilibro de tu temperatura, afectando de ese modo a todo ser viviente en sus profundidades, cuando ellos son un alimento que, sin necesidad de ser sembrado está allí, al alcance de la mano, para los seres humanos.

Y contribuimos a ese recalentamiento lanzando a las aguas de los ríos y lagos y mares bolsa plásticas que demoran mil años en destruirse o disolverse, neumáticos en desuso, aceites y petróleos; como que al aire lanzamos miles de millones de toneladas de hollín, de gases en aerosoles, de rayos ultravioletas emanados de los miles de millones de televisores; así también provocamos incendios sobre la tierra fértil y la vamos intoxicando con el humo de los tubos de escape de los miles de millones de vehículos en las ciudades, miles de millones de otras maquinarias por las praderas agrarias y las faenas agrícolas.

Si somos responsables del RECALENTASMIENTO DE LA CORTEZA TERRESTRE, tomemos conciencia y veamos la forma de superar el daño. Yo estoy colocando mi granito de arena para crear una nueva y sólida columna cultural.

Barrer la atmósfera de Santiago de Chile será un paso

de suma importancia y aplicar el método que propongo en estas páginas será de gran trascendencia en el concepto universal.

Al esgrimir la pluma y por cierto con honda preocupación, vengo en recordar un "Artículo" muy enjundioso aparecido en REVISTA DE CARABINEROS DE CHILE en el mes de Marzo de 1991 —Año XLV, No. 431— y en mi deseo de testimoniar mi afecto a la benemérita Institución y la gratitud y reconocimiento a que se hace dignamente acreedora, tomo prestado y difundo emocionado solo algunos fragmentos de tan acertada, como desconocida información periodística. Título: "Carabineros en la tarea de proteger al medio ambiente".

CARABINEROS EN LA TAREA DE PROTEGER AL MEDIO AMBIENTE

- Normativas que determinan el rol institucional de resguardo de todas las formas de vida.
- Por Santiago Tobar Valenzuela, Capitán de Carabineros, Jefe Sección Asuntos Ecológicos.

Carabineros de Chile, desde su nacimiento, ha asumido responsabilidades policiales en protección de los recursos naturales renovables y el medio ambiente: La Ley de Caza le entrega funciones de Policía de Caza; la Ley de Pesca le encomienda su fiscalización con el nombre de Policía de Pesca; y la Ley de Bosques dispone que las funciones de Guarderías de Bosques serán desempeñadas por Carabineros.

Asimismo, se cumplen importantes funciones en la fiscalización de las causas de la contaminación atmosférica y acústica, constituidas principalmente por el parque vehicular y otras fuentes (sic) etc.

La Institución, en cumplimiento de sus roles esenciales de prevención y educación y por imperativo legal, debe cumplir y hacer cumplir las normas que regulan la protección de los recursos naturales renovables y el medio ambiente recomendados a su cuidado. (Sic)

Necesariamente, el cumplimiento de estas obligaciones ha llevado a la formación de una conciencia ecológica institucional para luego proyectarse, mediante un proceso educativo, a toda la comunidad nacional, especialmente la población escolar básica, lo que sin lugar a dudas, asegurará en el mediano y largo plazo, resultados significativos y auspiciosos, al contar con futuras generaciones responsables que protejan el entorno natural. (Sic)

TAREA DE PROTECCIÓN

a) Protección de la fauna.
b) Ley de Caza No. 4601 de 18-VI-1929.

PROTECCIÓN DE RECURSOS HÍBRIDOS

El mar está considerado como una futura despensa del Planeta por su inmensa capacidad para cobijar a millones de especies acuáticas (peces, crustáceos, algas, etc.) algunas microscópicas y otras de gran tamaño y peso.

c) Ley de Pesca, DFL No.5 del 3-V-1983.
d) Protección de los Bosques. Ley de Bosques, No.4363 de 30-VI-1931.
e) Contaminación atmosférica
f) Contaminación Acústica, etc.etc.

Ocioso sería repetir todo el magnífico Artículo de marras, porque a la clara inteligencia de quienes lean estas páginas no se escapará el inmenso valor de la Institución de las Carabinas Cruzadas, cuya misión y apostolado jamás ha dejado de ponderar esta pluma, y en prueba de lo que afirmo quiero saludar a su Alto Mando actual y de todos los tiempos con el rigorismo de un Acróstico de métrica perfecta:

Erguido frente al cierzo que azota la inclemencia
Leal, severo y firme en todo acontecer
Inmenso cual la Emblema de omnímoda presencia
Heraldo de las Leyes, del Arte, de la Ciencia
Cultor de los valores sublimes del deber

Estáis hecho de hierro si el mal la Patria hiere
Dispuestos dais la vida si el avatar lo quiere

Soldado ¿quién os pide tan alto sacrificio?
Orden y Patria, Lema que guía al Escuadrón
Rendís en los altares del alma el beneficio
En tanto late henchido de orgullo el corazón
Nacidos en lejanos albores vuestros hombres
Inmarcesibles logros ilustran vuestro nombre
Broncíneo en las lides, generoso y audaz
Amante de los niños veláis todos sus sueños
Recibiendo a las veces la querubina faz
Aquí me veis, poeta, loando tus ensueños
Con cánticos al Mártir en Aras de la Paz.

CONTAMINACION Y EFECTO INVERNADERO

De todos conocidos son estos conceptos. No obstante nos permitimos complementar sucintamente.

La contaminación es un hecho irrefutable, pues la conducta del hombre moderno satisfecho de tanto avance se ha tornado indisciplinada y torpe al extremo de abusar de su propia libertad, como si todo le fuera permitido: eso le conduce inexorablemente a un despilfarro muy equivocado. Además, lanzar desperdicios por todas partes es tan desagradable, como nefasto el derrame de nocivos elementos sobre la tierra o el mar, pues no solamente se perjudica a los seres humanos, sino a toda especie viviente, siendo que de ella, en variados modos, depende nuestra propia existencia. Los desechos radiactivos, los subproductos plásticos, metales pesados, por sus emanaciones son los responsables de muchas enfermedades, anormalidades, malformaciones físicas y muerte... son esos los graves resultado de tal abuso. Y se ha de tomar muy en cuenta que durante el Siglo XX, considerado como el de la mayor tecnificación y el de la más elevada civilización lograda por el hombre, fueron empleados en infinitud de labores más de CIEL MIL PRODUCTOS QUIMICOS NUEVOS. De éstos una cantidad muy considerable ha sido responsable de más de DOS MIL CANCERES diferentes y por lo tanto ¡La Muerte!

¿Quién no recuerda las desgracias de Chernobil, por ejemplo? Y a principios de la década pasada la Revista TIME publicaba que ya estaba escaseando el agua potable y que cerca de 3.500.000.000 de seres humanos perdían la vida por contaminación en el agua. Pero sombríamente se anunciaba que alrededor de MIL MILLONES DE SERES HUMANOS carecían absolutamente del vital elemento.

No obstante, el mundo debe regocijarse de saber que allí al final de esa larga y angosta faja de tierra llamada Chile, en su extremo más austral y al pie de la Antártida Chilena (o Continente Antártico) en el Polo Sur se encuentran las aguas más puras del Universo, ocupando las inmensas fosas de más de 9.000 metros de profundidad, dando origen a los Glaciares más maravillosos donde retoza la Ballena Magallánica adornando el paisaje con la imponencia de sus 50 toneladas de peso, constituyéndose en el mamífero más extraordinario en la fauna chilena y de bíblicos tiempos.

Santiago de Chile se ha constituido en uno de los focos de mayor tasa de contaminación atmosférica por diminutas partículas infecciosas afectando las vías respiratorias especialmente de miles y miles de niños y ancianos. Y no cabe sombra de dudas, pues basta con mirar allí hacia lo alto y contemplar absortos el fatídico gris del cielo… y es válido pensar que somos nosotros mismos, con toda nuestra ciencia, quienes estamos alterando la composición química de nuestra benéfica atmósfera con millones y millones de toneladas de gases y otras emanaciones, fruto de tanto invento.

A ese desastre debe agregársele el "Recalentamiento de la Tierra". Y Santiago de Chile está contribuyendo a ello, aunque nos veamos ubicados en el último extremo del Globo.

Bien haríamos, pues, en informarnos que la Agencia para la Protección Medioambiental de Los Estados Unidos de América ha difundido con insistente alarma que el Siglo XX ha aumentado de manera muy crítica la temperatura en todas partes. Y que hasta podría oscilar de 1 1/2 a 8 1/2 Grados Centígrados la nefasta estructura de esa temperatura tan peligrosa para toda la Tierra.

¿Seremos capaces de considerar las terribles consecuencias? ¿A qué obedecería que de nuestro Polo Antártico se haya desprendido no ha mucho un bloque de hielo de 3.200 kilómetros cuadrados? ¿Qué alteración podría suceder en las capas terrestres si los mares aumentan su volumen inundando ciudades y aldeas costeras en todas partes del mundo? ¿Qué sería de la biodiversidad del Planeta? ¡Cuidado: no juguemos con fuego! Chile es un país en completo desarrollo y el mundo entero está pendiente de sus avances y retrocesos.

Yo quiero lo mejor para mi País y esta es la razón de mi aporte en conmemoración del Segundo Centenario de su Independencia: 1810 – 2010, brindándole el Proyecto que limpie el cielo raso de la "casa", porque más allá, solamente un poquito más arriba está esperando el "El Cielo Azulado" que cantara Eusebio Lillo y que constituye el Himno Nacional de Chile. Este es mi PROYECTO. Noches de vigilia, noches de desvelos, al tiempo de ir concluyendo esta labor, son ahora como un dulce y acariciado sueño: servir a mi Patria aunque sea desde los confines del mundo.

Somos un territorio altamente volcánico, nuestra franja continental es quizás demasiado estrecha, el Desierto del Norte está demasiado cerca, como cerca nuestra imponente Antártica Chilena; y los sismos y terremotos han asolado en muchas ocasiones a esta "Loca Geografía" y dan testimonio de ello dos grandes históricas ciudades que hoy se precian de merecida grandeza: Chillán y Concepción de María Santísima de la Luz. Estos fenómenos naturales datan de auténtica antigüedad, aunque algunos son bastante cercanos, como lo fuera el "maremoto" de los años 60' que abarcó 13 ciudades virtualmente desaparecidas... ¿Otro ciclo? ¿Otra Atlántida?

Otra situación de suyo interesante es la multitud de islitas e islotes en el Archipiélago de Reina Adelaida, como que contribuyen a tanta grandiosidad las terribles mareas del Golfo de Penas, registrándose las mayores fosas del Océano Pacífico a más de 9.000 metros de profundidad con sus abismos abisales y el reconocido descenso de la Cordillera de Los Andes que al Sur va a sepultarse en la mar.

¿Acaso no son estas situaciones de la mayor consideración? Tampoco hemos de olvidar que recientemente estuvo lanzando toneladas de HUMO, cenizas y partículas tóxicas el hermoso y tristemente célebre Volcán Chaitén.

Por estas y mil razones que han de quedar en el fondo del tintero tenemos la obligación de cuidar nuestro litoral, su flora, su fauna. Nuestros MARES son un depósito maravilloso para la biodiversidad y espléndido escenario de la Ballena Magallánica.

Cuidemos y salvemos cualquier punto vulnerable de nuestra hermosa Patria y estaremos salvando cualquier vulnerabilidad de otros puntos del Planeta, un Planeta en verdad pequeño donde todos somos hermanos, donde cohabitamos 8.000 millones de habitantes, no importa sus razas o colores, ni su mayor o menor grado de civilización. La cuarta parte del mundo tiene sed y hambre y la tienen 3.000 millones de seres humanos.

Los tóxicos atmosféricos, sea en Santiago ó en México, son peligrosísimos para el organismo mundial. Nuestra atmósfera se inicia desde nuestras cabezas hacia arriba y no es nada agradable saber que a 200 metros tenemos una capa asesina que se cierne impávida, pero que mediante el método que propongo debemos eliminar. La estratosfera se levanta a los 12.000 metros y allí el viento es casi nulo; pero acá lo tenemos a la mano esperando que le demos cabida para colaborar con nuestro PROYECTO y comenzar a barrer el hollín y toda partícula contaminante, antes que sea demasiado tarde.

Por lo expuesto, creo que es imperioso cualquier esfuerzo... y nuestro hombre chileno estará siempre dispuesto a jugarse la vida por su Patria. Comencemos, entonces, por adecuar de manera muy científica este PROYECTO. ¡Y limpiemos nuestro ambiente! Cuidemos nuestras propias áreas donde vivamos, porque si cada cual limpiara el frontis de su propia casa el mundo brillaría como una patena de oro. Tal labor será un ejemplo para todas las ciudades del mundo, porque estaremos colaborando con la ecología universal. Solo entonces podremos entonar con toda propiedad nuestro hermoso y vigoroso Himno Nacional. Que sea nuestra labor un salto majestuoso hacia la altura, que el chileno ha nacido para gestas heroicas y gloriosas. Y esto lo han reconocido excelsas plumas venidas de tierras extranjeras y ya cité a Ercilla y ya cité a Darío y a él, para cerrar estas páginas, pido prestada la estrofa inmarcesible de su penetrante talento cuando nos lega su:

"CANTO EPICO A LAS GLORIAS DE CHILE"

¡Oh, Patria! Oh, Chile, pues que altiva ostentas
Tras de luchas sangrientas
Tus victorias de paz por todas partes
  Puesto que tus baluartes
  Brillan inmaculados
  Puesto que tras los choques de la guerra
  Tus bravías legiones de soldados
  En fecundas tareas productoras
Hieren la negra tierra
Con sus corvos arados
Pues que tus naves de cortantes proas
Llevan tu nombre a puertos dilatados
Puesto que bajo el cielo azul, inmenso
Te brindan como espléndido tesoro
Las fábricas su incienso
El mar sus aguas y los montes su oro

Descansan, y los bravos adalides
Puesto que escrita está en los corazones
La vasta historia de tus vastas lides
Puesto que tu bandera
Flamea al sol y al mundo americano
Ve cual cubre la erguida cordillera
Y el profundo océano
Da, ¡oh, Patria! luz y aliento
Para cantar tus glorias inmortales
Que ha llegado el momento
En que suenen al viento
Los clarines sonoros y triunfales

En prueba de tantas cosas antedichas, como otras tantas que quisiéramos agregar, ilustramos estas páginas con un artículo aparecido en Santiago de Chile en los comienzos de la década de los 90' que encontré entre mis viejos archivos, el que por llevar una nota adscrita revelando la desesperada situación de no poder respirar me permito insertarla persuadido de que en estos momentos solamente se recurría a un artificio con relación al parque vehicular; pero las honorables autoridades del momento lejos estaban de concebir las científica solución que conlleva esta obra preparada con esperanza y con amor. No descubro el diario en que fue publicado este artículo, aunque vislumbro que fue en la "La Tercera de la Hora" en Santiago de Chile. Su título: "Santiago al borde del colapso por contaminación ambiental"

Nota: Aunque me temo que las medidas anunciadas en este artículo antes de producir una solución pueden producir una revolución…. Leamos el artículo de marras.

Aumentan a cuatro dígitos de restricción vehicular

Santiago al borde del colapso por contaminación ambiental

E. Arria-
gada

Ochenta industrias deberán detener sus procesos productivos más contaminantes en un 50 por ciento, a contar de la cero hora de hoy, y durante 24 horas. Asimismo, el 40 por ciento de los vehículos particulares y de la locomoción colectiva de la provincia de Santiago, San Bernardo y Puente Alto no podrán circular.

Las medidas, que corresponden al Plan de Emergencia de la Comisión Especial de Descontaminación, fueron adoptadas ayer, luego que el índice de calidad del aire alcanzara niveles superiores a 500, catalogados como peligrosos.

El presidente de ese organismo, Eduardo Arriagada, dio a conocer la aplicación, por tercera vez, de dicho plan, en esta oportunidad, con restricciones adicionales a las anteriores.

El anuncio se hizo en una conferencia de prensa, que contó con la asistencia del Ministro de Salud, Jorge Jiménez; del director del Servicio Metropolitano de Salud del Ambiente, Luis Martínez; del secretario Ministerial de Transportes, Héctor Peña; del presidente de la Comisión de Energía, Ricardo Katz; del secretario ejecutivo de la Comisión Especial de Descontaminación, Juan Escudero.

RESTRICCION

De acuerdo a lo informado por el ingeniero Arriagada, no podrán circular por la provincia de Santiago ni por

las comunas de San Bernardo y Puente Alto los vehículos particulares y de la locomoción colectiva, cuyas placas patentes terminen en los números 1, 8, 3 y 0.

La restricción afectará, también, a los taxis con los dígitos 5, 7, 3 y 0. Se aclaró también, que solamente por hoy quedará sin efecto la restricción especial y adicional que regula a los taxis y que fue dada a conocer, oportunamente, por el Ministerio de Transportes.

De la medida de restricción de emergencia, sólo se exceptuará a la comuna de Quilicura, donde todos los vehículos podrán circular libremente.

Se precisó que en el caso de la locomoción colectiva y de los taxis, el horario restrictivo regirá entre las 6 y las 22 horas, mientras que para los vehículos particulares dicho horario será entre las 7 y las 20.30 horas.

Con respecto a los vehículos de transporte de carga, se indicó que entre las 7 y las 20.30 horas no podrán circular por el área comprendida entre Vicuña Mackenna, Cardenal José María Caro, Balmaceda, Avenida Norte Sur y 10 de Julio los dígitos 1, 8, 3 y 0.

Las acciones apuntan, además, a ochenta industrias, ya notificadas por la comisión, las cuales deberán limitar el 50 por ciento de sus procesos de producción más contaminantes. La fiscalización de su cumplimiento estará a cargo del Servicio de Salud Metropolitano del Ambiente, con apoyo de carabi-

neros e inspectores municipales.

ESTUDIANTES

Eduardo Arriagada indicó que, por instrucciones del Ministerio de Educación, se recomienda a los establecimientos de enseñanza correspondientes a los departamentos provinciales de educación de Santiago Centro, Santiago Oriente y Santiago Poniente y de las comunas de San Miguel, La Granja, La Cisterna, San Ramón y Conchalí retrasar la iniciación de las clases hasta las 9.30 horas y suspender las clases de Educación Física y las actividades deportivas.

Recordó, asimismo, la prohibición absoluta de quemas de carbón mineral sin equipo de control de emisiones y la prohibición estricta de quema de leña en equipos residenciales sin control o sin doble cámara, incluyendo las salamandras corrientes y las estufas a leña. Se exceptúan las estufas convectivas y las salamandras con doble cámara.

Manifestó que el plan se aplicará por 24 horas y que su prolongación dependerá del comportamiento de los índices de calidad del aire. Recordó, también, que los factores climáticos son fundamentales en este sentido y que, en tanto no varíen las condiciones del tiempo y no llueva, se estará expuesto, permanentemente, a un aumento de estos niveles.

COLABORACION

El Ingeniero Arriagada

destacó, asimismo, la colaboración ciudadana en el acatamiento de las medidas, resaltando la resolución adoptada por la Asociación Gremial de Panaderos, en relación a paralizar sus faenas diarias entre las 8 y las 24 horas.

Por su parte, el seremi de Transportes, Héctor Peña, informó que durante la última semana se retiraron 79 buses de la locomoción colectiva que no cumplían con las disposiciones reglamentarias de ese Ministerio. Asimismo, que el 60 por ciento de los buses ha sido rechazado en una primera revisión técnica por el mismo motivo y el 33 por ciento en la segunda inspección.

CONATRATCH

El presidente de la Confederación Nacional de Federaciones y Sindicatos de Interempresas y Empresas de Trabajadores del Transporte Terrestre y Afines de Chile -Conatratch-, Pedro Monsalve, dijo ayer que es probable que el gremio se vea obligado a sacar todas las máquinas a circulación y no acatar más las restricciones de emergencia, por el perjuicio económico que éstas producen al sector.

"Las estamos aceptando de buenas a primeras, pero no hay consenso de la gente de seguir aceptando estas cosas. No estamos anunciando un paro, pero, a lo mejor, nos vamos a ver en la obligación de sacar todas las máquinas y no aceptar más dígitos", agregó.

Recorte del periódico que publica el artículo titulado "Santiago al borde del colapso por contaminación ambiental", escrito por E. Arriagada.

Aumentan a cuatro dígitos de restricción vehicular

Santiago al borde del colapso por contaminación ambiental

Ochenta industrias deberán detener sus procesos productivos más contaminantes en un 50 por ciento, a contar de la cero hora de hoy, y durante 24 horas. Asimismo, el 40 por ciento de los vehículos particulares y de locomoción colectiva de la provincia de Santiago, San Bernardo y Puente Alto o podrán circular.

Las medidas, que corresponden al Plan de Emergencia de la Comisión Especial de Descontaminación, fueron adoptadas ayer, luego que el índice de calidad del aire alcanzara niveles superiores a 500, catalogados como peligrosos.

El presidente de ese organismo, Eduardo Arriagada, dio a conocer la aplicación, por tercera vez, de dicho plan, en esta oportunidad, con restricciones adicionales a las anteriores.

El anuncio se hizo en una conferencia de prensa, que contó con la asistencia del Ministro de Salud, Jorge Jiménez; del director del Servicio Metropolitano de Salud del Ambiente, Luis Martínez; del secretario Ministerial de Transportes, Héctor Peña; del presidente de la Comisión de Energía, Ricardo Katz y del secretario ejecutivo de la Comisión Especial de Descontaminación, Juan Escudero.

RESTRICCIÓN

De acuerdo a lo informado por el ingeniero Arriagada, no podrán circular por la provincia de Santiago ni por las comunas de San Bernardo y Puente Alto los vehículos particulares y de la locomoción colectiva, cuyas placas patentes terminen en los números 1, 8, 3 y 0.

La restricción afectará, también, a los taxis con los dígitos 5,7,3 y 0. Se aclaró, también, que solamente por hoy quedará sin efecto la restricción especial y adicional que regula a los taxis y que fue dada a conocer, oportunamente, por el Ministerio de Transporte.

De la medida de restricción de emergencia, sólo se exceptuará a la comuna de Quilicura, donde todos los vehículos podrán circular libremente.

Se precisó que en el caso de la locomoción colectiva y de los taxis, el horario restrictivo regirá entre las 6 y las 22 horas, mientras que para los vehículos particulares dicho horario será entre las 7 y las 20:30 horas.

Con respecto a los vehículos de transporte de carga, se indicó que entre las 7 y las 20:30 horas no podrán circular por el área comprendida entre Vicuña Mackenna, Cardenal José María Caro, Balmaceda, Avenida Norte Sur y 10 de Julio los dígitos 1,8,3 y 0.

Las acciones apuntan, además, a ochenta industrias, ya notificadas por la comisión, las cuales deberán limitar el 50 por ciento de sus procesos productivos más contaminantes. La fiscalización de su cumplimiento estará a cargo del Servicio de Salud Metropolitano del

Ambiente, con apoyo de carabineros e inspectores municipales.

ESTUDIANTES

Eduardo Arriagada indicó que, por instrucciones del Ministerio de Educación, se recomienda a los establecimientos de enseñanza correspondientes a los departamentos provinciales de educación de Santiago Centro, Santiago Oriente y Santiago Poniente y de las comunas de San Miguel, La Granja, La Cisterna, San Ramón y Conchalí retrasar la iniciación de las clases hasta las 9:30 horas y suspender las clases de Educación Física y las actividades deportivas.

Recordó, asimismo, la prohibición absoluta de quemas de carbón mineral sin equipo de control de emisiones y la prohibición estricta de quema de leña en equipos residenciales sin control o sin doble cámara, incluyendo las salamandras corrientes y las estufas de leña. Se exceptúan las estufas convectivas y las salamandras con doble cámara.

Manifestó que el plan se aplicará por 24 horas y que su prolongación dependerá del comportamiento de los índices de calidad del aire. Recordó, también, que los factores climáticos son fundamentales en este sentido y que, en tanto no varíen las condiciones del tiempo y no llueva, se estará expuesto, permanentemente, a un aumento de estos niveles.

COLABORACIÓN

El ingeniero Eduardo Arriagada destacó, asimismo, la colaboración ciudadana en el acatamiento de las medidas, resaltando la resolución adoptada por la Asociación Gremial de Panaderos, en relación a paralizar sus faenas diarias entre las 8 y las 24 horas.

Por su parte, el secretario de Transporte, Héctor Peña, informó que durante la última semana se retiraron 79 buses de locomoción colectiva que no cumplían con las disposiciones reglamentarias de ese Ministerio. Asimismo, que el 60 por ciento de los buses ha sido rechazado en una primera revisión técnica por el mismo motivo y el 33 por ciento en la segunda inspección.

CONATRATCH

El presidente de la Confederación Nacional de Federaciones y Sindicatos de Interempresas y Empresas de Transporte y Empresas de Trabajadores del Transporte Terrestre y Afines de Chile —Conatrach—, Pedro Monsalve, dijo ayer que es probable que el gremio se vea obligado a sacar todas las máquinas a circulación y no acatar más las restricciones de emergencia, por el perjuicio económico que éstas producen al sector.

"Las estamos aceptando de buenas a primeras, pero no hay consenso de la gente de seguir aceptando estas cosas. No estamos anunciando un paro, pero, a lo mejor, nos vamos a ver en la obligación de sacar todas las máquinas y no aceptar más dígitos", agregó.

CAPITULO 8

COLOFÓN

COLOFÓN

Hemos de saber que la atmósfera ha sido siempre una insaciable bebedora de agua, sustrayéndole a la tierra una importantísima cantidad de agua mediante el leve sistema de la humedad, una capa de humedad sin la cual no existiría la Atmósfera. Pero la sabiduría de la Naturaleza hace que la atmósfera devuelva a la tierra permanentemente esa beneficiosa humedad. Esta maravillosa decantación obedece a un proceso que jamás podría crear ni controlar el hombre. Por tal razón, toda superficie húmeda bajo el sol debe rendir tributo a la Atmósfera. Y aunque ya en otras partes he manifestado que la historia del hombre es la historia del agua, hay que reconocer que hasta en los Polos, donde haya un ser humano (¡qué digo: un ser viviente!) aun permaneciendo el agua muy por debajo del punto de congelación, desde la misma nieve la atmósfera tomará su parte de agua por evaporación aunque esa evaporación sea mínima; y si nos remitimos a los desiertos (que estos han existido desde siempre) se ha de admitir que por escasa que sea el agua, aunque sea de las piedras la atmósfera extraerá su cuota de humedad y el aire del desierto aunque esté muy lejos del punto de saturación se ha llegado a calcular que el promedio de saturación baja tanto o más que un 75% a un 80%. Por eso debemos respetar la atmósfera y tratar de limpiarla a cualquier costo, pues de la evaporación de todos los mares y de todas las nieves y de todas las aguas de la tierra se está alimentando, pero devolviéndola generosamente en calidad de humedad, rocío, escarcha o lluvia. Y tal beneficio nos reporta la atmósfera absorbiendo la humedad del aire y repartiéndola inmediata y equitativamente por todo el Planeta, que si esa agua no volviera a la tierra, hasta los mayores abismos de los mares se secarían y poco a poco, aunque tardara milenios, la tierra se secaría y se transformaría en una planeta selenita.

El agua contenida en la atmósfera volverá a la tierra y ya transformada en verdadera lluvia cae para todos sin excepción y en el sector donde cae todos disfrutarán sus beneficios y/o lamentarán los destrozos de su fuerza descomunal.

Y SE FORMARON LOS RÍOS. Estos fueron antes que lagos y mares, pues ellos en sus locas carreras fueron llenando fosas. Las lluvias, desde luego, contribuyeron a la munificente acción de la naturaleza y no será en vano que Dios mismo le ofreciera a Israel llevarlos a las orillas del Jordán y en esas mismas aguas se bautizara Jesús; como que el Nilo fue sagrado.

El Nilo para los egipcios; el Tíber para los romanos que sin ser muy religiosos daban valiosas ofrendas a "Su Río" para que les fuera propicio; el Ganges fue para los hindúes bebida y aseo y así todos los ríos del mundo fueron sagrados para los hombres que los hicieron Mito y Religión, porque en ellos tenían caminos para sus transportes acuáticos, comida por su pesca y hasta la personificación de sobrenaturales poderes del espíritu.

Y a propósito de caminos, quisiera recordar que en una de las regiones más lejanas de la tierra, muy cerca al Polo Norte se encuentra la ciudad de Bergen, sudoeste de Noruega. Allí el Turismo ha descubierto una maravillosa forma de conocer la asombrosa región, pues el viaje se inicia de noche partiendo todos los días, es decir todas las noches, una embarcación rumbo al norte para realizar un recorrido de 4700 kilómetros que representará una navegación de alrededor de medio mes y se le considera como el "Expreso" más hermoso del mundo. El Turista irá disfrutando de bellísimas vistas de fiordos e islitas junto a poblados de atractiva población. Y como se sabe los hielos pueden entorpecer la navegación, pero esto no ocurre, porque Noruega a esa altura recibe permanentemente los vientos cálidos del oeste y las aguas templadas de la corriente del Océano Atlántico Norte; y he leído por ahí que en aquellos puertos ni siquiera hay hielo en pleno invierno. ¿Y a qué viene esta referencia? A que es preciso determinar cuánta bondad existe en la Naturaleza que tras siglos se pretendió unir por carreteras y trenes las ciudades costeras con el mar, pero se impuso la opinión general de que lo mejor era mantener el recurso del Río. Actualmente existen 34 puertos en esa maravillosa ruta constituida en la delicia de quienes viajan por ella, siendo la estación llamada Kirkenes la parada Terminal. Como podremos apreciar, son los ríos maravillas de la naturaleza, pues demuestran lo valioso de las aguas de las cuales se nutre el Hombre y la Atmósfera en todos los lugares de la tierra, sea en Chile, o sea en Noruega. Y entre los grandes sabios de la humanidad tal vez haya sido el historiador griego Heródoto (484-425 antes de Cristo), nacido 500 años antes de la Era Cristiana, tras quedar profundamente impresionado con el Río Nilo en uno de sus viajes al Egipto, el primero en tratar científicamente acerca de los ríos, pues desentendiéndose de toda superchería llega a descubrir el sentido de las inundaciones del río que obedecía al crecimiento del delta ocasionando aquel fenómeno de su crecimiento, lo cual provoca escribir que El Egipto era un Don su Río.

Estrabón, geógrafo e historiador griego —del siglo I antes de Cristo— viajero impenitente, nos deja el legado de una geografía en 17 volúmenes de cuanto había visto en sus viajes enriqueciendo el conocimiento no solo de su época, sino de todos los tiempos acerca de lo que se sabía de los ríos. Y le seguirá Séneca en el Primer Siglo de la Era Cristiana y uno que otro sabio más fueron ilustrando al hombre desde la antigüedad. Pero habrían de pasar siglos para que, tras la etapa que llamamos del "Oscurantismo", venciendo las supersticiones de la Edad Media se abrieran las puertas al real conocimiento, inclusive superando los errores y las fantasías que al respecto corrían por el tiempo del Renacimiento. Y sería la ciencia del Siglo XIX la más avanzada en esta materia, aunque tanto es el valor de las aguas de un río que jamás el hombre se divorciará totalmente de sus creencias devotas respecto a "Sus Ríos" y como ejemplo aquí mismo los Indios, mejor llamados Amerindios de los Estados Unidos de América le ofrecen toda clase de reverencias al Mississippi, río que sirviera de gigantesco panteón al conquistador **Hernando de Soto** (n. España, 1500 – río Mississippi, 1542) que muriera a consecuencia de las picaduras de millones de mosquitos, como que los poderosos alemanes siguen rindiendo tributo y homenaje a su esplendoroso Río Rin, enriqueciéndose la literatura universal con prosa y poesía para el Rin. Y por escribir estas páginas en los Estados Unidos de América quiero tributar el Homenaje de un recuerdo al Gran Cañón del Colorado. Y se trata de un río, El Colorado, uno de los más extraordinarios que podremos evocar, pues creo que jamás podrá el hombre conocer en su verdadera dimensión. Tal es su misteriosa fuerza… Tal su misteriosa leyenda. Su caudal, alimentado por las nieves y las lluvias de las montañas llamadas Rocosas, haciendo del Río Colorado un cordón de tres mil quinientos kilómetros hasta su desembocadura en el mar cruzando con vigorosa fuerza ochocientos kilómetros de desfiladeros. Pero se dice que fue **García López de Cárdenas**, miembro de la expedición de Coronado, quien hacia 1540 oye a los indios Hopi hablar del Gran Cañón del Colorado. Y sería un soldado veterano de la batalla de Silo, el Mayor **John Wesley Powell** (Nueva York, 1834-Haven, Maine, 1902) quien hacia 1867 inicia la exploración de los desfiladeros del Colorado.

Sin embargo, todo cuanto tratara de explicar esta modesta pluma sería insuficiente si no estuviera bien avalada, por lo tanto continúa mi impenitente búsqueda… Y providencialmente, cruzando yo una calzada en la ciudad de Miami, una dama muy humilde se me acerca con suma cortesía y me ruega acepte una revista y cuando le pregunté su valor me contestó que era un sencillo obsequio de la organización religiosa a la cual ella pertenecía, pero que si algo había en sus lecturas me conviniera no dejara de hacer una oración por ella y que ella también me colocaría en sus oraciones del día. Un tanto confundido acepté y, pensando en esa buena mujer y su buena fe, proseguí mi camino. Pero, como aquel día yo viajaría en tren Amtrak del mediodía a la localidad de Sebring, guardé en un bolsillo de vestón la delgada revista. Ya en el tren y a modo de distracción sustraje "Mi Revista" y comencé a hojearla con el ánimo de relajarme, pero ¡Oh, sorpresa! Como si una mano superior hubiera movido las mías, lo primero que veo es el dibujo del Sol casi patético iluminando aun más patéticamente el Sur del Mundo y más precisamente mi lejana y añorada Patria: ¡Chile! ¿Título?: "Cosas extrañas y espantosas bajo el agujero de la capa de ozono".

¿Por qué designio aparece en mi camino esa humilde mujer, toda una dama en su trato? ¿Leyó ella mi pensamiento, la profunda preocupación que en esos momentos me embargaba y que hacía relación con este Libro que quiere aportar algo a la Madre Naturaleza por medio de mi pequeña pluma? ¿Será cierto aquello de que todos nosotros tenemos un ángel que guía nuestros pasos? Entonces no tuve otra explicación personal y elevando los ojos a la altura comencé mi lectura casi con religioso afán. Tal es la importancia de lo que con ansias devoraron mis ojos que sin cambiar una coma transcribo su contenido, invocando, desde luego su procedencia: Los 125.000 residentes de Punta Arenas, la ciudad más austral de Chile, han bromeado por mucho tiempo sobre el hecho de vivir en el "fin del mundo". No obstante, una serie de fenómenos extraños y espantosos que ocurrieron el año pasado ha hecho que esa expresión chistosa raye demasiado en la literalidad. Algunos científicos empiezan a pensar que quizás no haya aquí algo nuevo bajo el Sol. Un despacho publicado en el periódico neoyorquino The Wall Street Journal del 12 de Enero de 1993 nos ofrece algunos detalles.

Félix Zamorano, del grupo de estudios atmosféricos de la Universidad de Magallanes, informa: "En Octubre registramos los niveles de Ozono más bajos que jamás hubiéramos observado".

"Durante tres días el espesor de la capa de ozono disminuyó hasta cerca de la mitad de lo normal y entró en los niveles que se consideran peligrosos". La mayor radiación ultravioleta que hay a causa de un agujero en la capa de ozono provoca "cáncer de piel y cataratas, además de afectar al fitoplancton, el primer eslabón de la cadena alimentaria", dice el diario "The Wall Street Journal".

El año pasado, "la mitad de las 1.200 cabezas de Ganado de Radovan Vilicic quedaron tan ciegas a causa de la conjuntivitis que contrajeron, que chocaban unas con otras como si fuesen autos de choque, y cinco reses murieron de hambre por no ser capaces de encontrar el pienso".

El mencionado despacho añade: "José Bahamonde explica algo parecido. Su hacienda, a 125 kilómetros de aquí, tiene una vista magnífica del Estrecho de Magallanes, pero muchas de sus 4.300 ovejas no pueden ver ni el estrecho ni ninguna otra cosa. Aproximadamente el 10% de las ovejas reciben tratamiento contra las infecciones oculares, y el año pasado 200 quedaron ciegas".

El dermatólogo Jaime Abarca dice que "lo que está sucediendo aquí es algo totalmente nuevo en el mundo. Algo tan extraño como que aterricen marcianos". Cada vez tiene más pacientes con trastornos de la piel, los casos de quemaduras solares han aumentado muchísimo y la proporción de melanomas malignos en los nuevos casos de cáncer de piel es cinco veces superior al promedio anterior. Él está convencido personalmente de que existe una relación entre esta situación y la radiación ultravioleta.

Los habitantes de Punta Arenas están tomándose el asunto en serio. Cierta farmacia aumentó la venta de filtros solares con relación al año anterior en un 40%. Hay una línea telefónica directa para consultas de quemaduras solares que informa de los niveles de radiación ultravioleta. También emiten la información tres emisoras de radio locales. En las escuelas se dice a los estudiantes que lleven sombreros y lentes de sol y que utilicen filtros solares. En una tienda en particular, las ventas de lentes de sol aumentaron en un 30%. Y "un ganadero de la zona está tratando de diseñar lentes de sol para las ovejas".

El gobernador Scarpa dice: "No niego los hechos. […]. ¿Qué quiere que hagamos? No podemos instalar un toldo que proteja la región entera".

SEÑORES LECTORES

¿Hay algo más fehaciente que esta declaración hecha públicamente por una Autoridad de nuestro pueblo, aunque sea el último pueblo de la tierra? ¿Será posible hacer oídos-ciegos ante desgracia que pone los pelos de punta al más inconsciente y tanto al sabio como al ignorante, al peor malvado, como al más piadoso? Creo que si el hombre no toma conciencia de esta tragedia de proporciones apocalípticas tratando de remediar por todos los medios y recursos disponibles una situación tan grave como espeluznante, de verdad la humanidad peligra, los mares, la flora y la fauna y todo el ecosistema están recibiendo el resultado de tanta ciencia, una ciencia a la que considero totalmente incapaz de remediar el insólito, el increíble mal que azota a nuestro hermoso y pequeño Planeta, porque estamos todos sin excepción, inundando la tierra y los cielos de basura cósmica y de una basura aún mucho más trágica: "La indiferencia… o la ignorancia". Los que tenemos fe, imploremos a la Divina Providencia que SALVE, con su infinita Bondad, LA VIDA DE NUESTRO PEQUEÑO Y HERMOSO

HOGAR: LA TIERRA.

En tanto, pedí a mis editores reproducir la fotografía del increíble artículo de la increíble Revista que pusiera en mis manos aquella humilde y bondadosa mujer. ¿Sería ella mi ángel para entregarme un mensaje de tanta trascendencia, cuando pienso que ella ignoraba mi honda preocupación y el enorme sentido del mensaje que conlleva este Libro? Dios la bendiga…

Aunque algo me queda en el tintero: Se debe publicar a los cuatro vientos este artículo llamado a sensibilizar al mundo entero.

¡Despertad! 22 de Septiembre de 1993.

Copia del artículo "Cosas extrañas y cosas espantosas bajo el agujero de la capa de ozono", publicado en ¡Despertad!, el 22 de Septiembre de 1993.

Desde luego, todo mecanismo, toda nueva invención, todo adelanto técnico, por sofisticado que sea resultará insuficiente frente a las fuerzas de la naturaleza, cuando éstas se desatan en furiosa arremetida. Creo que por ser tan impredecibles los métodos de la Madre Naturaleza, más respeto debería tener el hombre, pues una tormenta puede producirse tan imprevistamente, como que puede concluir también imprevistamente; sin embargo, los destrozos que puede ocasionar pueden ser simplemente catastróficos.

Los asuntos meteorológicos requieren de ininterrumpida observación y quien se entregue a esta Profesión ha de tomarla como un apostolado, pues de sus aciertos o errores pende el destino de cualquier región de la tierra. Existe la referencia de una dama que alarmada llamó a cierto Canal de Televisión en Inglaterra averiguando acerca de una noticia que acababa de escuchar en el sentido de que se acercaba una tormenta. El meteorólogo que la atendió, para no alarmar a su población le contestó que NO SE PREOCUPARA, porque no se acercaba ninguna. Esa noche el sur de Inglaterra sufrió uno de los mayores azotes de la Naturaleza, pues la "Tormenta —y que no venía nada y que no se preocupara— dejó un lastre de 15 millones de árboles destruidos, muchas muertes humanas y daños por 2.0 billones de Libras Esterlinas. Esto sucedió efectivamente y solamente "ayer": Año 1987. ¡Y qué pensar que dos años después llegaba este autor a las costas de la Florida! Y muy prontamente fui testigo del enorme desastre ocasionado por el vigoroso huracán Andrew que devastó la mitad de la enorme ciudad de Miami: Aun zumba en mis oídos aquel bramido del viento que jamás escuchara. Y créanme, no sentí miedo, sino algo así como una profunda admiración por las fuerzas de la naturaleza y una profunda admiración por los asuntos metafísicos, porque pensé muy seriamente en que solo una Mano muy Poderosa podría regir y dominar a los elementos en furia.

A mediados del año1800, creo hacia la década de 1840/1850, una tormenta espantosa se abatió sobre Crimea hundiendo un buque de guerra francés y alrededor de 40 barcos pesqueros. El Gobierno de Francia ordenó al Director del Observatorio de París, a la sazón Monsiur Urbain-Jean Joseph Le Terrier que investigara, y la respuesta fue que esa tormenta se había formado alrededor de dos días antes y a gran velocidad había cruzado Europa de Noroeste a sudeste. No se supo oportunamente porque no existía una manera específica para averiguarlo. Entonces Francia crea un "Servicio Nacional de Aviso de Tormentas". Mediante este acontecimiento "Nacía la Moderna Meteorología". Este hecho se vio muy fortalecido con el nacimiento del "Telégrafo" que recientemente hacía su entrada en el mundo de la ciencia y los grandes avances de nuestra civilización y que obedecía al genio de Samuel Morse (USA, 1791-1872), siendo ese el bautismo de su maravilloso invento accionado por la electricidad. Fue así como el Observatorio de París comenzó a publicar los primeros mapas meteorológicos de que tenemos noticias. Gran Bretaña fue el segundo en construir otro Observatorio Meteorológico similar, el cual comienza a funcionar a partir de 1872. Este año salían desde las acerías de Inglaterra todas las estructuras metálicas con que se construyó el Mercado Central de Santiago de Chile que en lugar de fuertes tormentas ha debido soportar fuertes terremotos, que son otros estragos que puede ocasionar la Madre Naturaleza. Y la Historia del

Mercado Central de Santiago fue escrita por primera vez por este mismo autor y registrada legalmente en los Registros de la Propiedad Intelectual ubicada en calle San Isidro de nuestra Capital.

Los científicos y cartógrafos de la época inventaron nuevo instrumental que permitió crear Mapas que transmitieran información. Y en estos mapas aparecerán las ISOBARAS, que son líneas que tienen la misión de unir dos puntos lejanos que coinciden en la temperatura, empleando líneas y símbolos que indican la dirección y la fuerza que puede llevar el viento en determinado momento; además, hay puntitos y señales en ese tipo de mapas que hablan de masas de aire frío que van a chocar con masas de aíre templado. Otro instrumento muy importante inventado en 1664 es el HIGRÓMETRO, destinado a medir la humedad de la atmósfera. Poco antes, en 1643, el físico italiano Evangelista Torricelli (Italia, 1608-1647) creaba su famoso BARÓMETRO con el cual se mide la presión atmosférica. Yo, en casa de mis padres, disfrutaba contemplando ese reloj tan raro que no se movía, ni al que se le daba cuerda. A estos inventos habría que agregar otro muy importante aparecido hacia 1714: el TERMÓMETRO A MERCURIO, invención de Daniel Fahrenheit (Alemania, 1686 – Holanda, 1736), físico alemán. Finalmente, no se puede olvidar a los famosos "Termómetros" que completándose con la "Isoterma", instrumentos que comunican los lugares que tienen la misma temperatura, como ha quedado expuesto. Y concluimos este acápite con el Lanzamiento al espacio, en 1960, del Tiros I, que fuera el Primer satélite meteorológico en todo el mundo lanzado al espacio y equipado con cámara de televisión. Pero el "ojo mágico moderno" para los especialistas es el

RADAR que va señalando la trayectoria de las tormentas retratando las gotitas de agua y las partículas de hielo en las nubes y que se reflejan en las ondas de radio.

Es justo, entonces, insistir en la importancia que tiene el cuidado de la atmósfera, la que en el sector de Santiago tanto nos preocupa, lugar en que afortunadamente no se registra tormentas ni huracanes como en las regiones del Caribe y otros puntos del Globo Terráqueo y que adquieren o demuestran inusitada y singular violencia de la Naturaleza.

CONCLUSIÓN

CONCLUSIÓN

Las notas referidas son, en mi opinión, simplemente eso: "algo referido" —una especie de sugerencia en la dinámica de una escueta exposición que conduzca al análisis de la idea y que, reforzando la materia en cuestión haga posible el desarrollo de la idea primaria: Llegar a construir fuertes, sólidos pilares de contención y propulsión que se han de constituir en la fase final del mecanismo propuesto y que permita el lanzamiento eficaz de los chorros de agua auténticamente dulce procedente de nuestros ríos cordilleranos. Y si este sistema se aplicara en lugares donde las distancias son mayores, siempre habrá condiciones aptas para el acarreo de los dos elementos. La Madre Naturaleza siempre nos proveerá "los medios naturales" para que estando al servicio del hombre la cuidemos con nuestra inteligencia. Aquí hay tantos secretos como en las Sagradas Escrituras o como en las Parábolas de Nuestro Señor Jesucristo que, en medio de su sencillez, encierran las grandezas que nos conducen a la felicidad. Miremos, que sencillo: Jesús le pide agua a una mujer samaritana (ella le recuerda) o hace ver la diferencia social enfermiza, patológica, de una época desconocida para nosotros en medio de tanta civilización… entonces el bueno de Jesús le hace ver que Su Padre hizo el agua para todos los seres vivientes… y finalmente transforma la sed física de los seres humanos en una sed espiritual. Y ahí estamos: Una sed física de solucionar el grave problema del smog sobre Santiago y una sed espiritual de salvar al Globo y a la humanidad de tanto mal. Y no soy Predicador. Soy solo un ser humano que cree en Dios y en la Naturaleza.

Finalmente, siéndome imposible despojarme de esta corteza del "educador" que envuelve mi propia naturaleza humana, al ir cerrando ya las páginas postreras de esta Obra, insistiré en que debemos parar mientes en el campo educacional y moral, en la admiración ante la hermosura de la Naturaleza, el desa-rrollo de su fauna y de su flora y la obligación del hombre ante el debido cuidado por esos maravillosos bienes; solo así estaremos dando un nuevo paso hacia un nuevo concepto de la EDUCACIÓN DE NUESTRA CONDUCTA EN LAS ESCUELAS Y LA EDUCA-CIÓN DE NUESTRAS RESPONSABILIDADES CONSCIENTES EN EL DESARROLLO DE NUESTRAS ACTIVIDADES COMO ADULTOS.

Si no entramos en una etapa de madurez y por abrir caminos o construir barriadas o apartamentos como un comercio para enriquecer el bolsillo del ingeniero, del consorcio y del banco y luego quitar las casas reposeyén-dolas por la falta del pago de unas cuotas y echar las fa-milias a la calle y arruinarles el crédito más encima para que nadie más le venda nada, es proceder a un criminal atentado contra la pureza del alma. Los males de la sociedad humana se van a reflejar a la postre en la conducta asumida ante la Madre Naturaleza y ésta se rebelará…

El sobrecalentamiento de la Tierra ya es una tétrica realidad y si a esto le sumamos el derretimiento de los casquetes polares, un día hallaremos peces muertos y por todas las riberas bajo un sol escaldante y desconocido, con el ambiente llenándose minuto a minuto de un hedor y descomposición irrespirable, pues los hielos son "Agua Dulce" congelada por siglos que al caer a las cuencas marinas estaría provocando un grave desequilibrio de la salinidad de los mares, además del desequilibrio de su temperatura, afectando de ese modo a todo ser viviente en sus profundidades, cuando ellos son un alimento que, sin necesidad de ser sembrado está allí, al alcance de la mano, para los seres humanos.

Y contribuimos a ese recalentamiento lanzando a las aguas de los ríos y lagos y mares bolsas plásticas que demoran mil años en destruirse o disolverse, neumáticos en desuso, aceites y petróleos; como que al aire lanzamos miles de millones de toneladas de hollín, de gases en aerosoles, de rayos ultravioletas emanados de los miles de millones de televisores; así también provocamos incendios sobre la tierra fértil y la vamos intoxicando con el humo de los tubos de escape de los miles de millones de vehículos en ininterrumpida circulación.

A riesgo de redundar, hemos de repetir que contamos con un promedio del 95% de aguas muy saludables, pues existen dos fuentes determinantes: Por el Este el imponente cordón montañoso de Los Andes, cuyas nieves eternas son un valioso recurso de provisión de agua dulce, pura, procedente de los constantes deshielos.

Sin embargo, hemos de concluir este capítulo con una nota muy triste y que hace relación con la nefasta desaparición de ciertas fuentes de agua, consecuencia de una extraordinaria sequía que duró más de SEIS AÑOS, estimándose como verdaderamente afectados los CINCO lagos más grandes de Estados Unidos de América y Canadá, a saber: van disminuyendo a paso agigantado su beneficioso caudal y ellos son: Erie, Huron, Michigan, Ontario y Superior. Ellos van disminuyendo su hermoso caudal a pasos (o niveles) agigantados. Y se ha difundido que los molinos llamados Kanilikin, en Australia, cerraron sus puertas porque el cultivo del arroz bajó un 98% hacia el año 2007, siendo que poco antes abastecía con tan preciada gramínea a más de veinte millones de personas; el cuarto lago más grande del mundo era el Lago Aral, pero hacia los años 2005 y 2007 solo estaba llegando a menos del 10% de su anterior capacidad que hacia 1967 era 90% más grande de lo que hoy por hoy va quedando.

Recién hacía yo mi entrada a los Estados Unidos de América cuando llegó a mis manos un ejemplar de la Revista Visión que comentaba que solo en los primeros meses del año 1991, ciento cincuenta mil enfermos graves y más de mil muertos era la fatal estadística en la hermana República del Perú a consecuencias de aterradoras epidemias de hepatitis, cólera, disentería, tifoidea y muchas otras nefastas derivaciones gastrointestinales porque las aguas del consumo diario, es decir las aguas potables, constaban de elevados niveles de contaminación de heces fecales. Y según estudios realizados por la Universidad Nacional Mayor de San Marcos (en Lima, Perú, fundada en 1548), la más antigua de Sudamérica y de merecido prestigio, de 30 muestras, 29 demostraban "alta contaminación".

Diez años más tarde yo tomaba el avión hacia el Perú en riguroso viaje de estudios intentando relaciones académicas universitarias, por cuya razón he dejado en Lima la creación de una Fundación denominada FINCA, sucediéndome en la Presidencia de su Dirección el distinguido Doctor José Ugaz Orrego, de brillante trayectoria humanística en su Tierra Natal. Pero claro, esta Fundación todavía no se inicia, porque la

Universidad que represento aún no abre sus puertas en los Estados Unidos de América. Se trata de un "Proyecto" humanitario muy hermoso, pero también muy ambicioso. Yo solo no seré capaz... Pero ya están saliendo de mi mano sendas cartas para nuestros Grandes Mandatarios: El Presidente de los Estados Unidos de América y el Presidente de la República del Perú. ¡Y que Dios nos ayude, porque ya son pocos los años de vida que probablemente nos queden para servir con los talentos con que se nos ha favorecido al resto de nuestros hermanos en el mundo!

Y, aunque parezca irónico, no es de extrañar que eso suceda en países considerados del Tercer Mundo, porque aquí en los Estados Unidos de América ha informado The New York Times que a consecuencia del nivel de plomo, más de doscientos cincuenta mil niños por año son infectados por beber dicha agua, y es sabido que esta contaminación afecta seriamente al cerebro, lo cual necesariamente ha de redundar en problemas físicos y mentales... Yo todos los días en ayunas bebo un par de sorbitos de agua, cuando antes me servía uno o dos vasos: Pero ahora, aun esos dos pequeños sorbos me causan preocupación, pese a que he escuchado muchas propagandas que hablan de la "Gran Pureza del Agua Potable" por las rígidas medidas de control de calidad. Entonces aceptemos lo que reza el adagio: Agua que nos has de beber debes dejarla correr...

¡Y cuidado! Desde hace un tiempo se oye hablar de una Tercera Guerra Mundial y que ella sería causada por los conflictos del AGUA. Dios permita que exista una solución adecuada para tan lamentable problema que la Naturaleza se apiade del ser humano en todas las regiones del mundo, especialmente aquellas que tanto han sufrido por la escasez del líquido vital.

La verdad es inconmensurable, entonces reflexionemos en esto del nacimiento de la Tierra y convencidos de la Potencia de un Hacedor que en siete días cósmicos lo hizo todo. Nosotros los poetas, somos una especie de ciegos que todo lo contemplamos con los ojos del alma y antes de ver el drama del desarrollo y crecimiento de este hermoso Planeta, la fantástica historia de los Elementos en eterno movimiento haciendo y deshaciendo, respirando ciclones, transpirando hielo, vomitando fuego y calculando sus temperaturas, creando capas protectoras como la de ozono que la libren de posibles agresores, nos resulta imposible contemplar esta constante batalla de los elementos que no se detienen y con la más fría indiferencia frente al hombre prosigue su marcha.... Pareciera que solamente viéramos la belleza de las altas montañas coronadas de blanca nieve, la placidez de los valles y los lagos transparentes, lo impresionante del desierto y las románticas olas del mar. Por una parte es bueno este idilio del hombre con la naturaleza, pero como instintivamente creemos en su auto-reproducción y reparación no nos curamos de su dolor y mediante los modernos avances y la enorme capacidad de nuestra inteligencia, tal vez como los niños que son básicamente destructivos e inconscientemente crueles, vamos depositando sobre la faz de la tierra todos los desperdicios de nuestra audaz invención.

Los grandes filósofos de la antigüedad formularon severas hipótesis acerca del nacimiento y formación de la tierra, comenzando por Hesíodo (nació hacia la segunda mitad del siglo VIII antes de Cristo o la primera del siglo VII antes de Cristo, en Ascra, cerca de Tebas y murió en el siglo VI antes de Cristo en Ascra; poeta de la Antigua

Grecia) que sostenía que el mundo emergió de un caos muy primitivo. También tenemos que contar con las opiniones de Lucrecio (Tito Lucrecio Caro, n. 99 antes de Cristo y murió en el 55 antes de Cristo, poeta y filósofo romano) que hablaba de un primitivo mundo hueco lleno de ríos nocturnos, de tremebundos desfiladeros y cavernas azotadas por vendavales que arrancaban fuego en las rocas… en la medida en que avanza la ciencia y el conocimiento del hombre moderno, los nombres de los filósofos como Séneca, Aristóteles, Estrabón, etc., van desapareciendo de la concepción moderna. El drama humano y el drama de la tierra parecen ser los mismos: Los hombres se van destruyendo, se ROBAN aunque uno les haga un favor, se desprecia la bondad porque se la confunde con debilidad, se van limando las alturas de un reino, de un imperio, de una sociedad con una lija llamada política hasta que todos se derrumban ¡Se han robado! ¡El hombre es un ladrón! Pero siguen ahí las dos líneas paralelas de un ferrocarril llamado tierra y hombre: Van rugiendo, cantando, riendo, soñando, desesperando, enfermando y la tierra está en movimiento, en una espiral que la vuelve loca o la fascina, con amenazas cósmicas de meteoros que la quieren herir y destrozar, con gases creados por el hombre en su carrera enloquecida que otros gases creados por la lenta majestad de la Tierra destruyen como criticando la inconsciencia humana. Por eso debemos cuidarnos de la Naturaleza y cuidarla a ella como a celosa amante, porque en el inescrutable drama de nuestras existencias (hombre-tierra) toda esperanza y toda desesperación, crea el hombre en un Dios Supremo o no, crea el hombre en la suprema deidad de la naturaleza o no, más toda nuestra sabiduría y toda nuestra conciencia, todo, todo, todo nuestro drama está inexorablemente unido al destino de la tierra.

Tal vez sean las buenas actitudes del Hombre, sus virtudes, las que intrínsecamente adornen y exalten la belleza de su voluntad, como que bien podríamos argüir que, las brisas, mares, playas, colinas, valles, el verdor de los campos, el oro de los trigales, la perfección de los collados y las aristas colosales de las imponentes cordilleras, como la vida de los fondos marinos, sus bellos corales y también su fauna, su geografía, sus ríos marinos y sus fosas eternales e inaccesibles, sean la poesía espiritual de la Naturaleza.

Prof. Dr. Emilio Galán (Guillermo Garrido Fuentes)

BREVES DATOS DEL AUTOR

El Dr. Emilio Galán es una de las figuras más destacadas en la Letras Hispanas en los Estados Unidos de América: Poeta, escritor, historiador, Profesor de Filosofía del Derecho y periodista titulado en el Keubek Center de la Universidad de Miami; Árbitro del MERCOSUR, título obtenido en la Universidad de la Florida (FIU), Crítico de Arte y Co-Fundador de la Revista Iberoamericana Internacional de Miami, exclusivo órgano de ARTE; Rotario desde 1975. Fundador de la Universidad Agrícola Veterinaria Científica y Pedagógica y creador de dos importantes instituciones: El Día del Juez y El Día del Cónsul. Ha sido Miembro de las cuatro Academias más importantes de Chile: Instituto O'Higginiano; Invitado Permanente de la Real Academia Española de la Lengua; Miembro de la Sociedad de Escritores de Chile; y del Instituto de la Historia. Antologado por la Secretaría General del Gobierno de Santiago de Chile, 1984. En Miami ha publicado la novela "Los Postergados" y el libro sobre la "Historia del Mercado Central de Santiago de Chile".

El Alcalde del Condado de Miami, Estado de la Florida, USA, Dr. Alex Penelas le concede Diploma de Honor por su labor cultural y otro galardón similar por su humanismo y labor educacional le otorga el Colegio de Abogados de la República de México. También es reconocido en Washington por el Congreso Nacional de los Estados Unidos de América con Diploma por su labor Cultural, como que también le sabe reconocer el Consulado General de Chile en Miami.

La Asociación Nacional de Abogados Extranjeros (NAFA – National Association For Foreing Attorneys) conjuntamente con la Universidad de los Pueblos de las Américas, le ha galardonado con el Título de Juris Doctor Honoris Causa en mérito a su labor docente como Profesor de Filosofía del Derecho y de la Ética Profesional del Abogado.

Actualmente es Miembro Directivo del Instituto Cultural Rubén Darío, un Movimiento Mundial de Cultura y del Movimiento Cultural Nicaragüense. El Dr. Emilio Galán, catedrático eminente, escritor y profesor, ya camina con gran seguridad a la nominación del Premio Nóbel de Literatura. Lo que le convertiría en el Tercer Nóbel de su Patria Chile, tras la insigne Gabriela Mistral y Pablo Neruda.

Su "Proyecto Smog" es un documento que denuncia con valor la tragedia de vivir bajo una atmósfera cargada de monóxidos, causa de irreparables daños en la gran urbe Capital de la República de Chile. Su contenido es lo que señala su Título: "un Proyecto" mediante el cual su Autor expone el gravísimo problema que ataca a la biogénesis y al ecosistema global, porque la civilización y la tecnología van conduciendo al mundo a la decapitación social. Esta Obra es un real acierto del Profesor y Doctor Emilio Galán.

Entre sus obras se pueden mencionar "Mi Cuaderno Escolar" declarada Obra Didáctica bajo el No.765, año 1986, del Ministerio de Educación; "El Hospital San José y su Relación Historiográfica", calificada de extraordinaria importancia en el campo de los Relatos Históricos nacionales; "Historia del Mercado Central de Santiago de Chile", inscrito en los Registros de la Propiedad Intelectual en la década de los 80's que lo acredita como Primer documento histórico del famoso Mercado; "La Leyenda del Puma", obra destinada al cine nacional chileno; "Los Postergados", otra obra clásica para el cine que delata ciertos aspectos de los Estados Unidos de América; y, "Don Miguel de Cervantes", obra de teatro; "Cuentos Infantiles"; "Antología Poética: Las 100 mejores poesías", entre otras.

Abril, 2017

night my belly pain got really bad, so I took the cramping medicine you gave me, but it didn't really work."

It turned out that Megan was abused by her father from the age of five. She told her mom, who had been a victim of child abuse herself, but mom froze and didn't intervene. Megan suffered until she was finally old enough to run away and hide. Without counseling, she became promiscuous by fifteen then married an abusive alcoholic like her own father, bedazzled during his charming phase. She spent several years in a tumultuous marriage before she left him and raised her three young children on her own for ten years before remarrying a good man with his own two kids. Megan's children, now teens, were being courted by the ex who decided to reconnect with them, trying to make Megan look like the bad parent in the process. In the meantime, Megan became jealous of the relationship her new husband had with his own daughter, a loving father-daughter relationship she could not relate to or understand.

Megan had no insight to of any of this or the connection between her life stress and her health. Unless the layers of hurt and unforgiveness could be peeled away, layer by layer like an onion, she would never heal. One day, I took a chance and started to peel a layer away. Megan and I began to look at her life, drawing all the pieces of this puzzle on the paper covering the exam table.

"So you're saying that I tighten my gut muscles when I'm around my ex?"

Fortunately for Megan, she was bright enough to make these connections with some guidance.

"Now that I think about it, I realize that I've done that for years."

We identified a list of triggers for her stress responses and came up with a list of alternate ways to get rid of her negative energy; walking away, relaxation exercises, music therapy, and prayer to name a few. I knew that this wouldn't fix her, but we at least stopped chasing non-sense and she would begin to regain some control of her symptoms and to feel better.

Megan got quiet, with tears brimming in her eyes. "I remember I would be laying in bed and I would hear my father at my door and I would tighten up in a ball...so tight...hoping that this time it would be different...that he would give up and leave me alone."

There was the root of her abdominal pain that no gastro-intestinal specialist would find with any test. I knew her story already from our years together, but this was the first time she had made this connection. I took a chance to see if I could get her "unstuck" from this awful memory.

"I want you to come with me in my time machine. You; as an adult, all grown up and in control." She agreed to play along and I made pretend time machine noises.

"We are now back in time, in your room, just in time, before that first time. All you can see is you. What would you say to you, that little girl, curled in a ball?"

Megan, pensive. Tears flowing freely, dripping into her lap. I handed her a tissue. It wasn't uncommon for patients to temporarily freeze when they climbed out of my virtual time machine.

I reiterated, "What do you want to say to you? What would you have wanted to hear?"

"I would tell her she was going to be okay," she shared quietly. "I would hold her and protect her."

"And when your father came in?"

"I would beat the living crap out of him."

I let her powerful statement hang in the air. Megan, as an empowered, mature adult, had confronted the source of her greatest fears, not with timidity and fear, but with strength. She had finally demonstrated the appropriate emotional response of anger directed towards the appropriate person, instead of self-anger, shame and guilt and self-hate.

"Megan, that took a lot of guts for you to do that." We sat in silence while she cleared away her tears. She sighed deeply, as though relieved of a heavy burden.

"Let's go home," as I made the time machine sound effect to make it official, causing a smile to break through on her face.

"Now that you are back home, as an adult now, what would you do if someone tried to hurt you again, or your kids?"

"I can tell you, I will never let that happen again," Megan shared resiliently.

"Megan, I am so impressed with you. You really are a

survivor!"

"I am a survivor."

"And you broke the chain of abuse by raising your kids without abuse. You are my hero. I am really proud of you."

Megan sat up straighter, spirit lifted up under the praise she didn't get from her own emotionally disabled parents.

"Do you think your father was a victim of abuse too? " I asked.

"I never thought about that. It wouldn't surprise me."

Sometimes it was easier for children to forgive parent/adults who themselves were victims. Forgiveness does not mean approval, it means letting go of the hate, something that has a direct benefit to the hater, not the predator. I'd seen other patients like Megan experience a lifting of guilt, shame, or fear as they vicariously confronted their abuser and then forgave them and themselves and moved on with their lives.

Forgiveness is not for the faint of heart, it takes courage and power that is beyond our human capacity. I have found no hope and very little to offer to the embittered soul in front of me who hates God and everyone else in his life. Only an armament of medications can attempt to soothe their pain inside their self-induced prison of unforgiveness.

Megan wasn't ready to let go of all her hate that day, but she did forgive herself - a big step. She had also forged an understanding of the connection between her unresolved issues and her physical symptoms. It would take time in therapy to heal her wounded soul.

The problem in primary care is that there is no shortage of "Megans." Broken families grow exponentially, leaving havoc in their wake. Alcohol and marijuana, used safely and reasonably by most, destroys lives and dreams of countless others who misuse or become addicted to them. Substance abuse during the critical child bearing years has resulted in an epidemic of social dysfunction, overwhelming our families, our schools and our social support systems. The strain and stress of this changed moral landscape is evident to all primary care providers who take the time to look behind the chief physical complaint.

After many years of Family Practice, I considered going back to college to get my Family Psychiatric Mental Health Nurse

Practitioner degree to learn how to better heal the emotional component of my patients. But then I remembered the words of my psychiatric nursing instructor from school many years earlier in my final evaluation.

"I'll pass you clinically but I want to make sure that you promise to never go into psychiatric nursing."

I was taken aback, having thought I had done great. I had a great rapport with my final patient on the psych unit, an alcoholic gentleman in rehab. She then handed me a paper with a C- on it.

"The reason I gave you this C- is that it is the lowest grade I can give you without failing you."

Somewhat shocked, used to A's, I asked her to explain. She was brutally honest.

"I don't like you very much and don't think you get this at all."

She told me that I had no idea of how to develop therapeutic relationships with patients. The fact that all my patients in my clinical rotations had opened up to me about their lives was not relevant to her. I had not utilized the distant coolness that the current psychiatry "experts" had deemed necessary for a relationships to be therapeutic. I decided to take her advice and avoided psychiatry for the next 25 years.

But inevitably, through word of mouth, it had found me. My roster of patients with anxiety, panic, agoraphobia, post-traumatic stress disorder, alcohol dependence, eating disorders, mood disorders, and personality disorders grew all on its own. I cared for multiple generations of dysfunctional families and their neighbors. I guided patients in and out of rehab, through deaths and divorces, and everything in-between! The more I did this, the more I realized that my journey in nursing wasn't over yet.

After fifteen years of Family Practice, I felt that familiar nudge. God was pushing me in a new direction, lining me up for work I could pursue well after a normal retirement age. After years of following his lead, I knew better than to resist.

Once my last child left the nest, I enrolled in Binghamton University so that I could keep my full-time FNP "day" job while I did the majority of the course work on-line. Like many of my fellow students, "days off of work" meant "days on for clinical" for school. The experience can only be described as a blurred whirlwind of time, a simultaneously exhilarating and exhausting journey that had a welcomed end.

"Whatever you do, work at it with all your heart,
as working for the Lord..."

Colossians 3:23

20

Icing on the Cake

My husband sat alone in the stands, holding up his camera to record me walking across the stage for my doctorate at age 56. My parents, now too frail to travel, and my three kids, busy with their own lives and careers, cheered me from afar. I heard his whistle and I grinned from ear to ear as I heard the words, Dr. Karen Smith.

I'd earned the goofy hat and goofy robe, but it was a bittersweet accomplishment. I was recognized in the academic world for the years of work and study post baccalaureate degree: two years earning a Master's degree as a Medical-Surgical Clinical Nurse Specialist; two more years Post-Masters to become a Family Nurse Practitioner; two more years Post-Post Masters to become a Family Psychiatric Mental Health Nurse Practitioner entwined with a three year program to complete the Doctorate in Clinical Nursing Practice.

But in the eyes of medical doctors, even third year medical students, after 37 years of experience and advanced education, to them I was still "just" a nurse. Nurse, the title offered freely to any bedside caregiver, even a brand new aide after only six weeks training. Most of these medical doctors will never know, or care, why I picked door number two. They picked door number one.

While watching my own daughter cross the medical school stage with her diploma, my aging mother admitted to me that she regretted talking me out of becoming a doctor when she knew that I had wanted that from the time I was a small child. Admittedly I was relieved to finally understand the major cause for my career derailment, but, while convenient to blame our parents, in truth, we alone are responsible in the end for the choices we make.

I often wonder, what was God's plan for me? Was it for me to be a "MD" doctor right from the start and did I mess it up with this tortuous path? Or were my ways, God's ways? Was I called to be a nurse? Taking a more humbling journey through life –as servant to my patients, my students, and ultimately to him? When we are weaker, he is stronger. The "nursing model" of education breeds compassion, with the early and ongoing emphasis on interpersonal communication skills, and the unrelenting focus on how disease impacts lives and how lives impact disease. An advanced practice nurse practitioner's training is not better or worse than a doctor. It is just a different way around the barn.

Would I have been as happy just being a doctor in only one specialty all those years? As a nurse I had been able to work in medical and surgical units, ICU, a burn unit, infectious disease, neurology, ear/nose/throat, orthopedics, oncology/hospice, labor and delivery, nursing homes, primary care and psychiatry. I had the opportunity to do bedside nursing, become a tenured professor, run an evening nursing program, lecture at conferences, serve as a primary care provider, and start my own private practice in psychiatry.

If I had chosen door number one, would I have had the time to play with my kids and to coach soccer teams, be a Girl Scout leader, a room mother, a Sunday School teacher and run a Kidz Choir with my husband for years? Would I have had time to pursue my own creative pleasures with writing and music?

Would I have married and kept my husband of 35 years, the man who patiently listened to my exploits and encouraged and restored my confidence every time I faltered along the way? Who made me a better person, so that I could be a better nurse? Whose whistle from the stands that day was my highest achievement?

What had started out for me as a "novel" about what it is like to be a bedside nurse, unintentionally became a journal of my own lifetime career. Every re-write became an opportunity to look back and explore the conflicts that overwhelmed me at each step.

I see now that in my naivety, I began my career believing that everyone else didn't make mistakes and knew what they were doing all the time. I also believed that everyone wanted to do their best and give their all for the sake of the patients.

Observed through retrospective spectacles, neither was true.

I am able see my mistakes as they were, simple expressions of humanity, an experience shared by all. It was my own insecurity that blocked me from seeing the insecurity of others. Lack of self-confidence is inevitable in a field that is so daunting in scope and predictably unpredictable. And experience has taught me that not everyone puts patient's needs first.

As time passes, I've been gradually able to view some of my interpersonal conflicts from the other person's perspective. If only I had the thirty years of experience when I was in my twenties, perhaps I might have done things differently, been less confrontational. Perhaps I would have understood that some of the health care workers I challenged to a higher standard of care were frustrated, disappointed, or embarrassed at themselves or at the system that encouraged it.

I realize now that this is not the end of my journey as a nurse, but I will not be able to write that last chapter. Whether it is about the student nurses rolling me onto a bedpan, urging me to be compliant, or the nurses coding me in the hospital, or the nurses sliding my plastic-wrapped, lifeless body into a refrigerator in the morgue, I know that someday, it will be my turn to be the "patient" and that I will get that one last chance to participate in their nursing education.

I am grateful for everyone who has walked beside me during this journey from reluctance to be a nurse, to embracing the challenge of nursing, to recognizing the uniqueness of this wonderful, underestimated, underpaid, underappreciated, blend of art and science… this career called nursing. At least, that is the view from my shoes.

*"Not to us, Lord, not to us
but to your name be the glory!"*

Psalm 115:1

ABOUT THE AUTHOR

Dr. Karen Reichel Smith has almost four decades of experience as a nurse in a wide variety of settings; as a hospital nurse, a nursing professor, a Family Nurse Practitioner in primary care, and a Family Psychiatric Mental Health nursing in psychiatry. She continues to work in Primary Care and has her own Psychiatric NP practice. A lifelong avid writer of music and drama, this is her first novel about nursing.